マーケティングコーチ横田伊佐男の

特濃会議学

準備、進行、締めまで大公開
"4つのダメ"と9ステップ

はじめに

なぜ、「タイパ」を求めるのか？

「タイパ」というコトバを耳にするようになった[1]。

「コスパ（コストパフォーマンス）」になぞらえ、
「タイパ（タイムパフォーマンス）」と呼ぶことで
費やした時間に対する満足度を示すコトバだ。

確かに、これだけ色々なコンテンツや
SNSによる情報発信が多くなると
「早送り」し、短い時で効率よく情報入手する
必要性が出てきた。

では「タイパ」前、人は「時間」で悩んでいなかったのか？
いや、そんなことはない。
いつだって、とにかく時間が足りないのだ。
よく言われることだが、貧富や運の格差がつきやすい世の中で、
たった1つだけ等しく与えられているのが「時間」である。
その「時間」は2つに大別できる。

1つは「自分時間」。
こちらは早回ししやすく、コントローラブル（制御可能）だ。
問題なのが、2つ目の「時間」だ。一体どんな時間なのか？

※1　今後の辞書に載るかもしれない新語として「三省堂 辞書を編む人が選ぶ『今後の新語2022』」大賞に選出。

※2　本書の中では「ファシリテーション」を適宜、「ファシリ」「ファシリする」「ファシる」と表現する。

知らなきゃ損する「時間」の使い方

2つ目の「時間」、それは「他人と一緒の時間」である。
こちらは、**早回ししにくくアンコントローラブル**（制御不能）だ。

代表的なものは**「会議」**である。
1人でまくしたてても終わりが早まることはない。
一体、会議に費やされる時間はどれだけ多いことだろう。

もし、あなたが会議を牽引（けん）するリーダーであれば、
率いるメンバーの時間、もっと言えば人生そのものを
変えてしまう方法がある。
それが、**「ファシリテーション・スキル※2」**である。

リーダーのコトバで、メンバーの力を最大限に引き出し、
最短時間でゴールに着地させる「ファシリテーション・スキル」は、
まさに**一生物のスキル**だと言える。

ところが、これだけ会議が多く、
会議時間が長いにもかかわらず、
このファシリテーション・スキルを習う機会って
今まであっただろうか？
ほとんど、なかったのではないだろうか。

（会議のように）直面する機会が**多く**、
（ファシリテーションのように）習う機会が**ない**。
この状態を何と言うだろうか。
悲観するなかれ。答えは**「のびしろ」**である。

でも、「のびしろ」はあっても学ぶ価値はあるのだろうか？

「のびしろ」の先の「ベネフィット」

「のびしろ」が大きければ、
　それだけ、享受できる**恩恵**（ベネフィット）も大きい。

　会議で費やされる時間が
「ダラダラ意味のない時間」から**「短く濃い時間」**になったら、
どんな恩恵があるだろうか。
　それは、筆者より実践者の声の方が、説得力があるだろう。

　筆者はプロフェッショナル・マーケティングコーチとして、
年間300回を超える研修講座を行っている。

　対象は、大学生、ビジネスパーソン、経営者と多岐にわたり、
講座内容も課題も千差万別だが、制約の中で描いたゴールに
必ず着地させるファシリテーション・スキルを駆使している。

　研修の後、参加した受講者たちからは
・会議時間が半分になった
・短時間でゴールに辿り着いた
・リーダーとしてのコトバが届きやすくなった

などの声が聞こえてくる。
　それらの声が異口同音に語っているのは会議に費やす時間が**「短く濃
くなった」**ということだ。

　その意味を反映して、本書のタイトルを
「特濃会議学」とした。
「一生の財産」となるこのスキルは、しかしながら、弱点がある。

「一生の財産」を「一朝一夕」で

「一生の財産」となるスキルの弱点。
それは**「一朝一夕」**には身に付かないことだ。

膨大な数の講義や会議をこなしてきた筆者が、
数多くの受講者に、そのスキルを教え込んでいく中で、
簡単には手に入らない難しさを嫌というほど体感してきた。

でも、読者が欲しいのはこんなことではないだろうか。
- ☑ より学ぶ労力を少なく
- ☑ より学ぶ時間を短く
- ☑ より得られる成果を大きく

これらのため、本書は以下2つの点に注力した。

1 スキルの体系化
　「4つのダメ」「9ステップ」で再現性を高めた。

2 AI（人工知能）の活用
　会議でAIを活用する最新・最短の方法を公開

我々の「時間」は流れ続ける。

その時間を**「特濃」**にすべく、
ぜひ、本書でファシリテーション・スキルを学び、
実践に生かしてほしい。

マーケティングコーチ
横田伊佐男

[特濃会議の考え方]

"4つのダメ"と"9ステップ"

本書は以下の2つの考え方をストーリー形式で紹介しています。

"4つのダメ" ファシリテーターがしてはいけない4つのダメ

> ファシリテーターがしてはいけない4つのダメ
>
> その1：ファシリテーターは主役になってはダメ！
>
> その2：議題は「〜について」ではダメ！
>
> その3：耳と目を使え。口を使ってはダメ！
>
> その4：最後をゆるめてはダメ！

第1章（導入編）P13〜

"9ステップ" ファシリテーションの9つのステップ

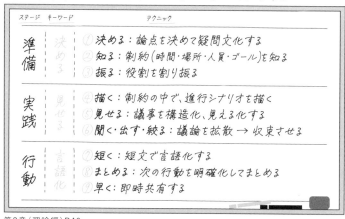

ステージ	キーワード	テクニック
準備	決める	① 決める：論点を決めて疑問文化する ② 知る：制約（時間・場所・人員・ゴール）を知る ③ 振る：役割を割り振る
実践	見せる	④ 描く：制約の中で、進行シナリオを描く ⑤ 見せる：議事を構造化、見える化する ⑥ 聞く・出す・絞る：議論を拡散 → 収束させる
行動	言語化	⑦ 短く：短文で言語化する ⑧ まとめる：次の行動を明確化してまとめる ⑨ 早く：即時共有する

第2章（理論編）P49〜
第3章（実践編）P79〜
第4章（課題解決編）P115〜

［ 本書の読み方 ］

本書は、商社に勤める主人公・三島のストーリーを中心に展開します。

三島は仕事の実績を買われて、55歳で役員に選出されます。
しかし、その10年前、
三島は課長としてチームをまとめるには、
自らの手腕が足りないことを自覚する、
一人の"迷えるリーダー"でした。

その三島は、同期であり、
ファシリテーションの達人である四谷の会議に出たことをきっかけに、
短く濃い「特濃」会議を学び、体得していきます。

時を同じくして、世の中で広がっていった技術が、
AIを活用した、生成AIという技術です。
世界のネットワークに広がる知見をもとに、
こちらの問いにアイデアをくれる生成AI、
そのデジタル技術を使いこなすのが、三島の部下の若手メンバーです。
三島と彼のチームメンバーは、
ファシリテーションとAI活用という武器を手にしたことで、
変わっていきます。本書を読み進めていただければ、
彼らと共に学べる形式になっています。

各章の冒頭に、特濃会議を学ぶための「問い」、
さらに各章の終わりには「まとめ」を載せています。
ぜひ参考にしてください。

［ 登場人物 ］

三島正隆
商社勤務。チーム運営に悩むサエない課長だが、ひょんなことからファシリテーションを学び、後に出世を遂げる。

四谷秀樹
社内一の出世頭で、三島と同期。同窓でもあり、学生時代には野球部でバッテリーを組んでいた仲。三島のファシリテーション指南役。

矢尾宏和
三島の部下で係長。気弱な面もあるが、ファシリテーションを学んだ三島の影響を受けて成長していく。

鈴本サキ
三島の部下で出産を控えている。気が利く性格でチームを盛り上げる。

犬井遊助
三島の部下で、新入社員。お調子者の面もあるが正直者。デジタルに詳しい。

真島専務（マムシ）
管理部門の担当役員で、三島の上司。強面のため社内で恐れられている。

〜導入編〜

第1章 ファシリでやってはいけない 4つのダメ 13

〜理論編〜

第2章 名ファシリテーターになるための 9ステップ 49

~導入編~

第1章

ファシリで
やってはいけない
4つのダメ

ファシリする上でやってはいけないことは何か？

あなたが**リーダー**であるなら、
そのチーム運営はうまくいっていますか？
もし、うまくいっていなかったら、
メスを入れる箇所は、どこでしょうか？
何を改善すれば、いいのでしょうか？

身近でメスを入れる箇所、それは**「会議」**です。
「チーム」は、必ず複数人数で構成されています。
そして、価値観が異なるチームメンバーが、共通の目的、目
標のために力を合わせています。

そのため、絶対に必要になるのが「会議」。
日本を率いるべき政権、プロ野球チーム、
あなたの職場のグループ、家族、夫婦においても、
共通目標に向かって力を合わせる時「会議」は、
絶対に必要になります。
なぜなら「会議」がなければ、
行動がバラバラになってしまうからです。

うまく「会議」をファシリテーション（ファシリ）するため、
何をするべきか？
そのため、本章では次の問いを提示します。

ファシリする上でやってはいけないことは何か？

この問いへの答えをストーリー形式でご紹介しましょう。

今から10年後 future 同期会

20XX年、東京都港区赤坂の焼肉居酒屋。

金曜日の店内は、多くの客でにぎわっていた。
騒がしいテーブル席の奥に座敷があり、
「三島君を祝う55歳同期 御一行様」という
団体名のプレートが見える。

「三島、入ります」

そう言って、襖を開けると鎮座している同期たちが、
一斉に三島を見上げた。

三島正隆、55歳。
商社マンとして入社した同期100人は50人に減ったが、その夜の宴
席には50人全員が参加していた。

「よっ、主役のお出ましだ！」

　幹事の掛け声で、同期たちが一斉に拍手した。

　でっぷりと腹の突き出た丸顔の幹事が立ち上がった。
「さて、主役も登場、これで全員そろいました。では、2つのことに
対して乾杯します。杯のご用意を」

　各自、テーブルの上の瓶ビールをつぎ合う。
　19時前に余裕をもって駆けつけたが、
　三島が最後の到着だった。

「あれ？　開始は19時からだったよね？」
　小声でささやくと、隣に座った浅黒い顔の同期が
「俺たち、もう会社に居場所がないから、こうして早く来るしかな
いんだよ」
　と笑いながら三島にビールをついだ。

「では、杯を掲げて……。
　1つは、三島君の役員選任を祝して……」

　三島は、先日の取締役会議で50人の同期たちから
　ただ一人役員に選出され、取締役管理本部長として
　経営陣の仲間入りを果たしたところだった。

「2つ目は、我々の"役職定年"に。三島君のように我々は出世できな
かったが、あと10年は、会社にしがみついていこうじゃないか！」

　幹事の自虐的な冗談に、同期たちは苦笑いしながら、グラスを重
ね合わせて気勢を上げた。

　集まった同期たちは、全員55歳に達していた。

　人生100年時代を反映してか、三島が勤める会社も世間並みに65歳定年となり、希望すれば70歳まで働けることになっていた。

　ただ、実力型組織のため、55歳になったら「役職定年」となるのが、会社の決まりである。

「役職定年」というのは、ある年齢に達した段階で、部長や課長などの役職から外れる制度のことだ。

「役職」に「定年」があるという意味で使われている。

　その狙いは、組織活性や若手育成にある。

　役職定年者は、そのまま会社に居残れるが、その代わりに給料の大幅減額を受け入れなければならない。

　それを免れるのは、役員になった者だった。

　酒宴が進むにつれ、幹事役が口火を切った。

「さあ、これからは一人ひとり、三島君にエールを送るとともに、最近の近況を話してください」

　同期たちは、三島への祝辞とともに、ため息まじりに順番で近況を話し始めた。

「55歳ってまだ若いという自負があるけど、役職が解かれると、今までコキ使ってた年下部下が上司になるんだよな。……うーん、ちょっとやってらんないね」

　同期たちが大いにうなずく。

「部長職になって、ようやく年収が大台の1000万円に乗ったのに、役職定年後は大幅減額。子供の教育や家のローンも残っているのに、先行き暗い気分だよ」

　今度は、ほとんどの同期が気まずそうに下を向いてしまった。

　役員就任は、三島の、いや同期たちの夢でもあった。

　役員になれば取締役会議に出席することで、会社のかじ取りの一端を担えるし、裁量権も報酬も格段に向上する。

　祝辞を述べてくれる同期たちに対し、三島の中で、申し訳ない気持ちが湧き上がってきた。役職定年になった彼らは、役員への道が事実上閉ざされてしまったからである。

　会社で残り10年は働けるが、本人のパフォーマンスにかかわらず、待遇は悪くなる、これが現実であった。

　全員の祝辞と近況報告が終わり、三島の番が回ってきた。

　軽いせき払いの後、いつもの癖でアゴを弄ったが、慣れ親しんだ感触はなかった。

　トレードマークの無精ひげは、役員就任と同時にさっぱり剃り上げていたからだ。

「えー、今夜はたくさんのお言葉、本当にありがとう。うれしく、身が引き締まる思いとともに、なぜ、自分が役員になれたのか。きっとみんなのおかげかな、なんて振り返ってい……」

　ここで、ちょっとした波風が立ち上がった。

　三島の言葉を遮るように、一人の同期が声を荒らげた。

「おい、三島！　何でお前が役員に選ばれたんだ！　なんで俺じゃなかったんだ！　一体、お前の何が評価されたんだ！」

　声の主は、役員候補の一人といわれた営業部長だった。

　丸顔の幹事は、穏便に済まそうと割って入る。
「おいおい、酒が進み過ぎてますなぁ〜。まあまあ、ここはお祝いの席なんだから……」

「いや、酔っちゃいない！　三島、真面目な話、教えてほしいんだ。入社時はパッとせず、正直10年前まで俺はお前をライバルとさえ認識してなかった……」
　悔しさのあまり、拳を握りしめている。

「でも、今ではお前を認めている。自部署をまとめ、他部署と連携し、会社を動かしていくお前の力量を。
　だから……。だからだ！　皆も聞きたくないか、なぜ三島が出世できたのか？」

　彼の問い掛けに、同期一同うなずいていた。

　女性として唯一残った紅一点の同期も声をそろえた。
「三島君は、確かに組織を動かし、会社を動かしてきたわ。ウイルス感染症対策に始まって、10年前に課題だった離職率を大幅に低下させ、今では優秀な学生がたくさん入社応募するようになった。守りの管理部門というより、攻めのマーケティングをしているようだったわ。私は、なぜ役員になれたかより、どうやって実績を残し続けてきたか聞きたい」

　実際、三島は部下と共に組織単位で、AI（人工知能）分析を使っての退職者抑止、人材市場をリサーチし、求められるニーズを先読みした人材獲得を展開し、類稀な実績を残してきた。

見渡すと、全員が興味に溢れた目で三島を見つめている。

　三島は、覚悟を決めた。
（あの出来事を話せば、皆の参考になるかもしれない）

「皆の役に立てるなら、喜んで話すよ……」
　そう言うと、三島はしばし天井を仰いだ。
　宴席の全員が静まり返り、三島の言葉に耳を傾けた。

「あれはちょうど10年前、45歳の時だった。会議での失敗から、ある同期から学ばせてもらったんだ。**"ファシリテーション"**ってスキルを……」
　そう言って、三島は10年前の出来事を話し始めた。

現在──present　会議

「会議」が「チーム」をダメにする

「ゴォー」という音だけが響き渡っている。

古い冷房の吐き出し音が鳴り響く会議室で、45歳の三島は冷や汗をかいていた。

会議開始から1時間が経過、炎天下の外気とは反対に、その「場」は寒くしらけきっていた。

答えなどないのに、虚空を見つめる者。

震えるスマホをしまい込みながら、チラ見する者。

冷房音にかき消されるようにあくびをかみ殺す音が、むなしく聞こえる。

「どうすればいいんだ……」

トレードマークの無精ひげを右手で何度もなでながら、脇の下を冷たい汗が流れ落ちるのを感じた。

今から1時間前……。

「イチ、ニの、サン、シと。よし、私を入れて4人そろったので始めようか」

三島は、会議室に座った3人を見据えて切り出した。

「今日の議題は"ウイルスについて"。この議題で自由に議論してほしい」

3人は、ホワイトボードに大きく書き出された議題を漫然と見つめている。

　三島は、商社勤務の管理職、具体的に言えば3人の部下を持つ課長である。45歳になった今年から、管理部門の設備課課長を任されるようになったが、焦りを感じていた。

　同期の出世頭は、35歳で課長昇格していることから、三島の課長出世は先頭から10年遅れていた。

　管理部門の花形は、全社予算を預かる経理・財務、査定や配置転換権限を持つ人事課であり、社内のエース級人材が集まっていたが、設備課は本部一地味な存在で、メンバーの顔ぶれもパッとしなかった。

　冒頭の"ウイルスについて"は、本部からの指示だった。
　世界で流行したパンデミックは収束を迎えつつあったが、引き続き警戒していくべきか、会社の方針が決まっていないため、現場の意見を吸い上げたいとの示達があったのである。

「ウ、ウイルスについて、ですか……？」
　右腕の係長が恐る恐る三島に聞き直した。

「そうだ、ウイルスについて、だ。例えば……」
　そう言って、三島は2020年になってから緊急事態宣言が発令され、リモートワークに切り替わったこと、世界情勢の変化など、具体的事例をもとに、しばらく話し始めた。

「ホラ、みんなもどんどん発言して盛り上げてくれ」

　三島の促しに、ポツポツと発言が出始めた。
「マスク、もう外してもいいんじゃないですかね」
「私の取引先数社がウイルス倒産しました」
「会議室の消毒液、もうすぐ切れますよ」

　そんな中、次の発言が流れを大きく変えた。
　いや、脱線した……。

「自分は2回ウイルスに感染したんすけど、結構つらかったっす」
　最年少メンバーが口を開いた。

「え、2回も？　俺はワクチン打たずにまったく感染なしだよ」
「そりゃ、毎日酒飲んでいれば感染しませんよ」
「私は1回感染しましたが、風邪と同じでしたよ」
「そもそも、ウイルスって大騒ぎし過ぎっすね」

　こんな感じで3人のメンバーが口を開いては盛り上がったが、それは「会議」というより、会議の場を借りた「雑談」であった。
　三島は、何の解も得られず生産性の低い時間を過ごしていることにいら立っていた。

（我慢の限界だ）

　映画の中の裁判官のように、
「ドンドン」とテーブルを叩いた。
「えー、話が脱線し過ぎだ。本題に戻そう」

　静まり返る会議室で、係長が聞いてきた。
「議題は何でしたっけ？」

「ウイルスについて、だ」

「はぁ、だからウイルスについて話しているのですが……」

　三島は、もっとも過ぎて二の句が継げなかった。

「これは何のための会議なんすかね？」
　最年少メンバーが聞いてくる。

「それはだな、本社からの命令で、ウイルスについて現場の意見を引き出すべくだな……」

　三島は、完全に会議の目的を見失っていた。
（もしかしたら、俺が目的を明確にしていないために、チームの力を一つにまとめ上げられていないのではないか？）

　そこに気付いてから、冷や汗が噴き出して止まらなかった。
（課長として、俺にチーム運営のスキルが足りないのでは？）

　メンバーが退室した会議室で、三島は自問自答していた。
（一人の力ではダメだ。チームの力を引き出すには、リーダーとして変わらなきゃならない。でも一体どうやって……）

　次の会議は、同じ会議室で行われる。
　答えの出ないまま、三島は会議室でしばしうなだれていた。

　だが、これから人生を変えるような答えを得ることになろうとは、この時は知る由もなかった。

ファシリは、一生のスキル

　メンバーが去った会議室で、三島は次の予定を確認した。
　15分後に、同期の四谷課長が主催する会議が控えていた。

「四谷の会議か……」

　三島は、四谷の四角い顔を思い出した。
　四谷秀樹は、会社が発注するすべての購買を担う資材本部購買課の課長で、同期で最も早く課長となっていた。

　三島は、常に四谷を注視していた。
　2人は同じ大学で体育会野球部を続けてきた間柄であり、四谷がピッチャー、三島がキャッチャーのバッテリーを組んでいた。打撃では三島が3番、四谷が4番と偶然お互いの頭文字から成る主軸コンビでもあった。

　そんな数奇な縁とは別に注視したのは、圧倒的なスキルだ。

　四谷が仕切る会議を見たことがあるが、その見事なパフォーマンスに終始圧倒された。

　やがて四谷主催の会議に続々と会議メンバーが集まり、定刻前に入室した四谷が会議を始めた。

　驚いたことに、四谷の会議テーマも三島と同じ「ウイルス」だった。

　ところが、四谷が仕切った会議は、三島の会議とは全く違っていた。

　四谷の会議は、1時間かからず約半分の時間で終わった。
（何がこんなにも違うのか……）

　相変わらず会議室の古い冷房は、「ゴォー」という轟音を響かせていたが、部屋の温度と空気はまるっきり変わっていた。

　三島の会議終了後は、何ともしらけた雰囲気が漂っていたが、四谷が仕切った会議室は、先ほどまでの熱い議論が尾を引いて、やる気と熱気に満ち溢れていた。

　行動に移すべく勢いよく会議室を飛び出る若手社員は、興奮冷めやらぬ声を出しながら廊下を遠ざかっていく。

　三島は自問自答を続けていた。
（同じ場所、同じ時間、同じテーマ。一体何が違うんだ）

　あらゆる図形と文字が書き殴られたホワイトボードを四谷はひとり消しながら、話しかけてきた。

「三島、会議お疲れさま。おや、少しお疲れかな？」

　三島は、羞恥心をかなぐり捨て、思い切って悩みを打ち明けた。
「四谷、ちょっと時間いいか？　実は俺のチームが全く機能していないんだ。さっき、お前と同じテーマで1時間会議したんだが、ただダラダラ時間だけが過ぎ、何にも生まれなかった。お前の会議とはまるで違う。一体何が違うんだ？」

四谷は、ただ黙って三島の顔を見た。

　長い沈黙の後に、四谷はようやく言葉を発した。

「三島に足りない、いや必要なのはたった1つ。

　"ファシリテーション・スキル"だよ」

（ふぁしりてーしょん？）

「聞き慣れていないようだな。ファシリテーションとはゴールを決め、そこに辿（たど）り着くために、参加者の力を引き出し、行動を促すこと、だ」

　三島は、四谷のコトバをゆっくり繰り返した。

☑ ゴールを決める

☑ 参加者の力を引き出す

☑ 行動を促す

　先程の自分の会議では、一切やらなかったことだ。

「それって、会議に必要なスキルだな」

　三島の問いに、四谷は即答した。

「会議だけじゃない。どんな仕事にも役立つ**"一生物のスキル"だよ**」

　三島はその場で懇願した。

「四谷、頼む。同窓同期のよしみと思って助けてくれ。俺にそのファシリテーション・スキルとやらを教えてもらえないか？」

　少し考え事をしていた四谷が口を開いた。

「……三島。久しぶりに俺の球を受けたいってことか？」

　三島はピンときた。

　大学時の野球部では、四谷がピッチャー、三島がキャッチャーというバッテリーを組んでいた間柄だ。

「四谷、お前の豪速球を投げてくれ。必ずファシリテーションって教え

を受け止めてみせる」

　こうして、同窓同期同士のファシリテーション・レッスンが始まった。
このレッスンは、後の三島の人生を大きく変えることになる。

「この会議室は、まだ使えるよな？」
　そう言って、四谷はホワイトボードにファシリテーションの極意を書
き始めた。

誰も教えてくれない“4つのダメ”

「さっき俺が開催した会議は、ファシリテーションというスキルを駆使しているんだ。そのスキルを使いこなす者を**“ファシリテーター”**という」

　三島は一言一句漏らすまいと、四谷の教えをノートに書き留めている。

「では、俺がファシった会議を振り返ってみてほしい。ファシリテーターとして何をやっていただろうか？　ほら、ここに書き出してみて」
　四谷は、三島にマーカーを渡し、ホワイトボードに書くよう促した。

　ホワイトボードの前に立った三島は、四谷の会議を回想したが、しばらく立ち尽くし、結局何も書き出せなかった。

「ハハハ！　しょうがない奴だな。何にも見てなかったってことか？」

　四谷の笑い声に三島は、
「四谷、……すまん」と、声を絞り出すのが精一杯だった。

「ファシリテーターには、限られた短い時間でメンバーの力を最大限に引き出すことが求められる。1時間の会議が**“短く濃い”**ものになるか**“長く薄い”**ものになるか、すべてファシリテーターの力量によるものだ。悪いが、おそらく三島のファシる会議は後者ではないか？」

　三島は力なくうなずいた。
「会議を“短く濃い”ものにするためのファシリ・スキルは細かいレベルに落とせば、いくつもある。ただ、それではさっき三島がホワイトボードの前で立ち尽くしたように記憶にとどまらない」

　四谷が一呼吸置いた。
「従って、これからファシリテーターとして、"**すべきこと**"ではなく、"**してはダメなこと**"を伝授する」

「何だって？"**すべきこと**"ではなく"**してはダメなこと**"？」

「そうだ。ファシリテーションというスキルは皮肉なものだ。これほど、重要なのに、誰も教えてくれない。それと……」

　三島は、四谷の言葉を待ってノートの手を止めた。
「それと、ファシリテーションは、ファシリテーターの個性が反映されるべきものでもある。だから個性に応じて、"すべきこと"は人それぞれ多くなって然るべきだ。だが……」

「だが……？」

「だが、してはダメなことは、限られている。そこを押さえることから始めよう。まずは"**4つのダメ**"を伝授する」

「"**4つのダメ**"……？」

「そう、"**4つのダメ**"だ。まずは、あれこれすべきことを伝える前に、してはいけない**4つ**を覚えてほしい」
　そう言って、四谷はマーカーを握り直して、ホワイトボードに向き直った。

ファシリテーターがしてはいけない4つのダメ

その1：ファシリテーターは主役になってはダメ！

その2：議題は「〜について」ではダメ！

その3：耳と目を使え。口を使ってはダメ！

その4：最後をゆるめてはダメ！

　書き終えた四谷は、ニヤニヤしながら三島を見つめているが、三島は目を丸くしてホワイトボードを凝視していた。
「これって……」

「ん？　これって？」

「これって、俺がやってきたことすべてだ。これすべて、ダメなことなのか？　何でダメなんだ？」

「その質問に答える前に、三島がやっていたことを一つ一つ教えてくれ。まず、**“その1”**はどうだ？」

　三島は、ホワイトボードの“その1”を見つめた。

その1 │ 主役になってはダメ！

三島は、ホワイトボードを見ながら自分の会議を思い返した。

その1：ファシリテーターは主役になってはダメ！

「ファシリテーターってリーダーが務めるべき役だよな。違うかな？」

「ある意味、そうだな。例えば1時間の会議という制約の中で、メンバーを率いてゴールに着地させる必要がある。
　そのかじ取り、成果、すべてに責任を持つのがファシリテーターだ。その意味では、確かに"リーダー"でもあるよな」

「だったら、ファシリテーターはリーダー、リーダーなら主役であるべきで、主役になってはダメなんて、おかしくないか？」

「三島の会議はどうだった？」

「さっきの会議は"ウイルスについて"だったんだけど、メンバーからは意見が出ない、脱線する。俺がリーダーとして会議を引っ張ったよ」

「で、会議は**"短く濃い"**ものになったのかい？」

「……そ、それは、……なっていない」

　言葉に詰まる三島に、四谷は冷水を浴びせるように言い放った。
「三島の会議が"短く濃い"ものではなく"長く薄い"ものになって、何の

成果も残せない会議であったのであれば、それはリーダーとしての仕事
ではなかったのではないかな?」

「……」
　黙り込む三島に、四谷が続けた。
「ファシリテーターはリーダーとして一方的に会議をリーディングする
者ではない。メンバーの力を借りて、定めたゴールへ導くことが求めら
れる。ここは理解できるか?」

「うん、理解できる」

「三島は、責任感が強い。だが主役として引っ張ろうとすればするほど、
メンバーの力を引き出せなくなるんだ。主役はファシリテーターである
三島じゃない。聞くが、会議に参加したメンバーは何人だった?」

「参加メンバーは、3人だ」

「その3人が**主役**で、三島は彼らを生かす**脇役**なんだ。ここを間違うと、
ファシリテーターの第一ボタンがズレて、すべてが掛け違ってしまう」

　三島は、思い返した。
　確かに課長以前のプレーヤー時代から、今のチームリーダーになって
以降、やけに肩に力が入っていた。

　回想にふける三島に、四谷の言葉が入り込んできた。
「ダメなファシリテーターは自分が主役で、メンバーを脇役にしがちだ。
三島みたいに責任感が強く弁も立つ者が、そうなりがちだ。だが名ファ
シリテーターはメンバーを主役に陽を当て、自分は影の案内人に徹する。
これが"その1"だ」
　三島は、四谷の言葉をノートに書き込んだ。

その2 「〜について」はダメ！

「では、"**その2**"に移ろう」

　三島は、ホワイトボードの"その2"に目を移した。

> その2：議題は「〜について」ではダメ！

「この意味、分かるか？」

「いや、分からんよ。実際、さっきの議題は"**ウイルスについて**"だったし、それの何が悪いのか、分からない」
　三島は、先ほどの自分の会議を回想した。

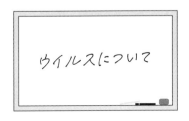

「"ウイルスについて"が議題と言ったな？
　その議題で始めた会議はどうなった？」

「うーん、メンバーは当初は戸惑っていたけど、たくさん意見が出て盛り上がったよ。だからこそ、"〜について"がダメな理由が分からない」
「では、結果として、その議題でどういう"**答え**"が出た？」

「"答え"？　それは正直、何も出なかった。あ、そうそう、ウイルスに罹ったメンバーの発言からどんどん膨らんだね」

「"答え"につながらないたくさんの発言、それは**"脱線"**したと言わないか？」

　三島は、テーブルをドンドンと叩いた右手の痛みを思い出した。それは、話が脱線した流れを引き戻そうとした行為からだった。

「四谷、そうなんだよ。メンバーの軽率な発言のせいで、話がどんどん脱線しちゃってさ。俺が何とか、テーブルを叩いて、流れを引き戻さなければ、どこまで脱線したものか」

　四谷の目が鋭く光った。
「メンバーの軽率な発言のせい？　それは違う、勘違いするな。メンバーの責任ではない。三島、お前の責任だ」

「俺の責任？　脱線したのはメンバーだぞ！」

「脱線を引き戻したのはファシリテーターとして、最低限の仕事をしたと評価もできよう。だがな、そもそも三島が取り扱った**議題**が悪いんだ」

「議題が悪い？　どこが」

「"ウイルスについて"の"〜について"が悪い」

「どういうことだ、どこがいけない？」

「"〜について"という議題では、答えが出ないんだよ。それでは、それぞれの感想しか出なくなる」

　三島は会議を回想した。

　議題を聞き返した係長、最年少メンバーの体験談から脱線し、それぞれが相乗りした流れ。

　メンバーは、いわば忠実に議題に沿って意見を出していた。

（俺はあの議題でどんな答えを出そうとしていたのか……）

「三島は、その議題でどんな答えを出そうとしていたのか？」

　まるで胸の内を見透かしたかのような四谷の質問に、三島はドキッとした。

「恥ずかしながらノーアイデアだった。どんな答えを求めるべきだったのか？　四谷ならどうする？」

「三島……」

　四谷はかみしめるように言った。

「それは、それこそが三島が、いやファシリテーターが考える最重要仕事なんだよ。ただヒントを送ろう」

　三島は、ノートの新しいページをめくった。

「"〜について"なんて議題をよく見かけるが、それでは答えが出ない。なぜなら議題が疑問文になってないからだ。会議は**答えを求める場**であるべきだ。違うか？」

　三島がうなずく。

「会議は答えを求める場。であれば、**議題は答えを導く疑問文でなければならない。疑問文であるということは、議題の末尾に"?"が付いていなければならない**」

「議題の末尾に**"?"**をつける？」

「そうだ。"ウイルスについて"では曖昧で大き過ぎ、何を明らかにする会議か分からない。そりゃメンバーも脱線する。だから……」

「だから……？」

「だから、"〜について"という大きなテーマの中で、とりわけメンバーと論じて答えを出す議題を選び、掲げることがファシリテーターに必要なんだ。脱線を引き戻すことより、はるかにもっともっと重要なんだ」

「具体的に、どういう議題が正解なんだ？」

「正解はファシリテーターが見極めるしかない。何度も言うが、ここは最重要だから、後日みっちりやろう。取り急ぎ、次の"その3"に行こう」

その3 口を使うな!

「では、**"その3"**だ」

> **その3：耳と目を使え。口を使ってはダメ!**

「**"しゃべるな"**って？ ファシリテーターは司会みたいなもんだろ？」

「ファシリテーターは司会とは違う。さっき言った通り、主役は**"メンバー"**だ。その主役たるメンバーに**"しゃべらせる"**にはどうすればいい？」

「もしかして、**"聞く"**か？」

「その通りだ。メンバーに発言してもらい、それを聞く。簡単そうだが、余裕のないリーダーは驚くほど**"聞く"**ことをしない」

　三島は、**"ウイルスについて"**の会議を振り返った。
　ウイルスが流行してからの変化を時系列に思い出せるだけ、しゃべっていた。発言を引き出すために口火を切ったつもりであったが、かなり長い時間を費やしていたことだろう。

　そして、発言を促す命令が続き、部下に問い掛けたり、発言を深掘りするために聞き返すことはほとんどしなかった。

「四谷……。参加者のコトバに耳を傾け、聞くなんて、してなかった」

「やはり、そうか。参加者を主体的に発言させるには、良き**"問い掛け"**が必要だ。つまり**"聞く"**だ。これが思いの外、難しい。難しいのだが、思わぬチャンスがある」

「チャンス？」

「そう、チャンス。それは、人は誰しも**"聞いてほしい"**欲求があるんだよ。ほら、髪を切った女性が、**"どこか変わったことに気付かない？"**と聞くように、自分のことをしゃべりたいものなんだ。適切な質問によって、しゃべるスイッチを入れることができるんだ。だから……」

「だから？」

「だから、ファシリテーターは最初に話しまくることを避けなくてはならない。その話に引っ張られて、参加者が発言調整してしまうからだ。そして目を使って参加者を観察する、つまり**"見る"**だ。あとは……」

　四谷はにっこり笑って、両腕を広げた。

「あとは、雰囲気づくりだな。ここでは、聞かれたことを話しても怒られない、間違いを指摘されない、という**心理的安全性**を確保してあげることが必要だ」

　三島は自分の会議を思い返した。
　最初から、のべつ幕なしにしゃべり倒し、参加者の発言に対し、問い返したりしなかった。雰囲気づくりなど全く気が及んでいなかった。

「分かった。参加者の自発的、主体的な発言を促すために、**"聞く"**を大事にしてみるよ」

その4 最後をゆるめるな！

「これが最後だ。こういう格言を知っているよな。"終わり良けれ……"？」

四谷はその先を三島に促した。
「"終わり良ければすべて良し"、だろ？」

「そうだ、その通りだ」

四谷はホワイトボードの"その4"を指差した。

その4：最後をゆるめてはダメ！

「会議も"終わり"つまり、最後が良ければOKだ。ところが、なかなかそうならない。三島の会議はどうだった？」

三島は、話が脱線し答えが出ない先ほどの会議を思い起こした。

「最後はグダグダで、何も決まらなかったよ……」

「そうなってしまうのには原因がある。まず、会議終盤になるとみんな疲れてしまうので、まとめる体力がなくなることが挙げられる。そして、もう1つはやはり三島に原因がある」

「俺か？」
「そう、ファシリテーターに原因があるんだ。ファシリテーターが執念

を持たず、ゴールに着地させないことがグダグダで終わる最大要因だ。だから、これだ」

　そう言って、ホワイトボードの"その4"を指差した。
「最後をゆるめてはダメ！」

「でも、最後をゆるめてはいけない、って具体的にはどうするんだ？」

「具体的には、会議の結論をまとめる、次の行動を明確にすることだが、共通して言えるのは"言語化"することだ」

「言語化、か……」

「そう、言語化。そのやり方もテクニックがあるので、おいおい教えていこう」

　ここで四谷のスマホアラームが鳴った。

「お、もう1時間か。三島、悪いが次の会議が始まる。続きはまたにさせてくれ」

　焼肉居酒屋に集まった55歳の同期たちは、食いつかんばかりに三島の話に聞き入っていた。

「ここまでが、レッスン1日目の概要だ」
　三島が話に一区切りをつけた途端、同期の一人が声を上げた。
「あ、ちょっと、もっと聞きたいからトイレ！」
　どっと笑いが起こり、締まった空気が一気に緩んだ。

「いや、そんな出来事があったとは……。ここで5分のトイレ休憩にしましょう」
　丸顔の幹事が促した。

　数名がトイレや喫煙で席を外した。
　隣の浅黒い顔の同期が、メニューを見ながら店員に数品の追加オーダーをした後、三島の喉を潤すべくビールをつぎ足した。

「三島が言ってた"ファシリテーション"って、言葉自体は聞いたことあったが、そんなに効果的なスキルなのか？」

「すごいスキルだよ。これを知っていれば、時間の流れさえ変えられるんだ。今話した"4つのダメ"で、それを思い知らされたよ」

「"4つのダメ"は分かったけど、じゃ具体的にはどうやるんだ？」

　そんな話をしていると、休憩から同期たちが戻ってきた。
　丸顔の幹事も、息を切らして席に着いた。

「えー、みんな早く戻ってきてくれて、ありがとうございます。続きが聞きたく、私もタバコ1本で戻ってきました。三島先生に続きの

講義をお願いしたいと思います」
　同期たちが、三島に向き直り、短い拍手を送った。

　三島は、またも剃り上げたツルツルのアゴに手を伸ばした。
「次はもっと具体的な話に移りましょう。名ファシリテーターになるための**9ステップ**です」

第1章のまとめ

本章のはじめに皆さんに問いをお出ししたことを覚えていますか？　こんな、問いを提示しました。

第1章の問い

ファシリする上でやってはいけないことは何か？

知らないことにチャレンジする時、覚えなければならないことはたくさんあります。
でも、慣れない分野で覚えることがたくさんあると、なかなか頭に入りません。

そこで本章では、"してはダメなこと"を先に提示しました。
それが、上記の**"問い"**への**"答え"**です。

ファシリテーターがしてはいけない４つのダメ

その1: ☑ ファシリテーターは主役になってはダメ！
その2: ☑ 議題は「〜について」ではダメ！
その3: ☑ 耳と目を使え。口を使ってはダメ！
その4: ☑ 最後をゆるめてはダメ！

ファシリテーターを志している方、自任している方は、チェックリストとして、自らのファシリを点検してみてください。

次章では、**名ファシリテーターになるための9ステップ**を紹介していきます。

己に火を点け、分厚い氷を壊せ!

ファシリテーターの本音です。
「ファシリをしていて、心折れることはありますか?」
と聞かれることがあります。

「いえ、プロですから、ないですね」
と表向きは答えますが、そりゃ、私も心折れそうになる時もありますよ。

でもね、ファシリテーターは**心折れたらダメ**なんです。
私の場合、どうしているか……、そんなお話です。

私は、お金をいただいての取り仕切り、いわゆるプロ・ファシリテーターってのをやっております。

平たく言うと、講師や大学教員って名前が付くやつです。
そうするとですね、受講者は大きく2つのタイプに分かれます。

☐ やる気ある受講者
☐ やる気ない受講者

後者は、自分の意思で参加していない企業研修受講者に多いです。そんな研修風景をご紹介しましょう。

そんな方々は、研修スタート時には、あからさまに「面倒くせえな」という表情で会場に来られます。

いや、こちらも人間ですからね。本音を言えば、朝イチのスタート時、熱気ムンムンのやる気溢れる方々をお迎えしたいですよ。

でもそんな時、失礼ながらやる気のない方々をどうするのか？

それはもうプロとして、終了時には受講者のテンションを上げて「研修に参加してよかった」と思わせます。

そのためには色々な技を駆使しますが、一番初めに使う技は**「アイスブレイク（氷解）」**です。

「氷を壊す」という意味のように、硬い雰囲気をぶち壊す小話やワークで、雰囲気をリラックスさせます。

最も硬い雰囲気の場面は、色々な企業が選抜社員を派遣する集合研修です。先に申し上げた通り、自分で払わず、会社が多額の費用を払って参加してもらう研修であることに加え、まさに呉越同舟。初めて出会った、見知らぬ企業の方々が1つの会場に集合し、同じことを学ぶのです。

緊張もしていますし、背景と価値観が違うので、話に花が咲くわけがありません。
この方々の氷解（アイスブレイク）が早まれば早まるほど、場が温まり、交流が促進され、学習理解が深まります。

アイスブレイクを仕掛ける私は、そのための小技を控えめに見積もって、幾百は持っています。

会場の温度、雰囲気、年代に合わせて最適な技を掛け合わせます。が、

一番大事にしていることは、実はそんな技術ではありません。大事にしているのは、たった1つです。

それは、ファシリテーターである私が、**心を折らさずテンションを上げ続ける**ことです。

笑いを仕掛けて**"スベる"**ことも多々あります。
一向に温まらず、斜めの姿勢を決め込み続ける受講者にいら立ちながら、心が折れかけそうになる時もあります。

が、それでも**テンションを上げ続ける**。
そうするとですね、次第に全員に飛び火します。

定めたゴールをブラさず、そこに向かうメンバーを励まし続ける。そんな当たり前のファシリテーション・スキルの前に、実は、ファシリテーターとして**自分を鼓舞し続け、燃やし続ける**ことが必要なのです。

「心を折らさないって、プロだから当たり前でしょ？」
そうお思いのあなた、それは違います。

これはファシリテーターというより、リーダーそのものです。

先が見えないトンネルの中、リーダーを信じてついてくるメンバーたち。
彼らを鼓舞し続けるのは、先頭で牽引するリーダー以外いないのです。

ファシリテーションで盛り上がらない時は、思い出してください。

「己に火を点け、分厚い氷を壊せ!」と。
きっと、場が温まってきますから。

第2章

名ファシリテーターに なるための 9ステップ

ファシリする上で、すべきことは何か？

ファシリテーターが活躍する場面は、意外と多いものです。
硬い会議も、柔らかな飲み会でも、そこにファシリテーターがいるか否かで、その時間の価値は大きく変わります。

前章では、"してはいけない4つのダメ"を紹介しました。

では、"すべきこと"は何があるのでしょうか？

そこで、本章では次の問いを提示します。

ファシリする上で、すべきことは何か？

"すべきこと"は、いくつもありますが、たくさんではありません。たくさんだと覚えきれませんから。

ここでは、以下の3ステージに分けて紹介します。

☑ 会議前の 「準備編」
☑ 会議中盤の 「実践編」
☑ 会議終盤の 「行動編」

3ステージそれぞれに、3ステップのテクニックを詰め込んだので、上記の問いを立てて、読み進めてみてください。

　同期会の盛り上がりは続いている。

　三島は、無精ひげがなくなったアゴからようやく手を離した。
「名ファシリテーターになるためにはいくつか**"すべきこと"**があります。何か思いつくことありますか？」

　隣の浅黒い顔の同期に視線を向けると、恥ずかしそうに下を向いてしまった。

「はい！　はい！」
　丸顔の幹事が、陽気に手を挙げた。
「例えば、私のように場を明るくすることでしょうかね！」

　空気が明るく緩む。
「正解！　何でも話してもいいっていう**"心理的安全性"**を確保するために、場を明るくする、話しやすくする雰囲気づくりはとっても大事です。では、これからそんなノウハウを体系化した**9ステップ**を皆に送ります」

（これから送る……？）

　同期が頭に疑問符をつけて、互いの顔を見合わせている。

　三島は、スマホを取り出して、同期全員のメーリングリストに1枚のシートを添付して送信した。

「今、スマホに届けた1枚のシートについて説明しますね」

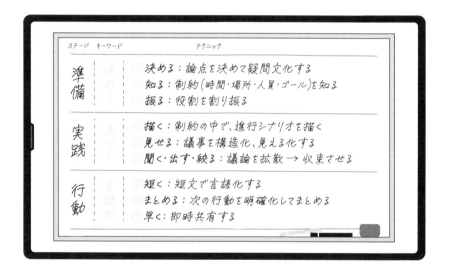

ステージ	キーワード	テクニック
準備	決める	① 決める：論点を決めて疑問文化する
		② 知る：制約(時間・場所・人員・ゴール)を知る
		③ 振る：役割を割り振る
実践	見せる	④ 描く：制約の中で、進行シナリオを描く
		⑤ 見せる：議事を構造化、見える化する
		⑥ 聞く・出す・絞る：議論を拡散 → 収束させる
行動	言語化	⑦ 短く：短文で言語化する
		⑧ まとめる：次の行動を明確化してまとめる
		⑨ 早く：即時共有する

会議を変える9ステップ

「えー、三島君？ 大学の時と変わんないわねー。あれ？ 何、そのお
ひげは？ 伸ばしてるのかしら？」

　多忙を極める四谷は、「ファシリテーション・レッスンの続きは集中
的にやろう」と言ったので、日曜日に四谷の自宅を訪れることになった。

　四谷の奥さんは、大学時代にミスキャンパスに輝いた学内のヒロイン
だった。結婚式以来の対面だった三島を温かく自宅に招き入れてくれた。

　同期の出世頭だから叶えられたのか、四谷は郊外に白亜の大きな一軒
家を構えていた。

　三島は、広い庭に通された。

　青々とした芝生に真っ白なテーブル、座り心地の良さそうなアウトド
アチェア、そして大きなホワイトボードが置かれていた。
　リボンを付けた真っ白なマルチーズが人懐こそうに三島の足元にじゃ
れついてきた。

「よく来たな。秋風が気持ちよくなってきたから外でやろう」

「これ、手土産のワインだ」
　かがんでマルチーズを愛でながら、細長い紙袋を四谷に手渡した。

「お、終わったら開けるか。早速だが、ここに全ノウハウをまとめた。
前回の“**してはいけない4つのダメ**”の続きは、“**すべきこと9ステップ**”
だ」

四谷はそう言って、庭先のホワイトボードを指差した。

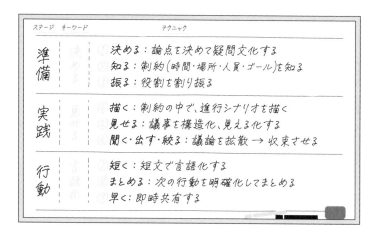

三島は拍子抜けして、尋ねた。
「全ノウハウって、これだけなのか？ これがすべてか？」

何食わぬ顔で四谷が答える。
「何だ、少ないか？」

「そ、そうだな。だって"してはダメなこと"は4つでシンプルだったが、"すべきこと"は、もっとたくさんあると想像していたよ」

「三島、**ミラーの法則**[※3]って知っているか？ マジカルナンバー7プラス・マイナス1or2といって、人間が瞬間的に保持できる数は"7"を中心に最小で"5"、最大で"9"とする説だ。"9ステップ"は、人間が覚えられる最大数なんだよ」

「てっきり分厚いマニュアルをもらえると思ってたよ」

※3　ハーバード大学の心理学者であるジョージ・ミラー教授による1956年の論文「The magical number seven, plus or minus two」が出典。

「いや、分厚いマニュアルじゃファシリテーターの頭に入らないんだよ。頭に入らなければ、時間、参加メンバー、ゴールに応じて対応するファシリテーションの現場では、使いこなせないんだ」

　四谷はホワイトボードの右端に立った。
「だが、押さえておくべきポイントは絞られる。そのポイントを人間が覚えられる限界の9つに抑え込んだ。9つでも難しいから、とにかく一つ一つ説明していこう」

「そうか、分かった。いや、分厚いマニュアルよりも、9つの方がありがたい。俺の頭でも何とか押し込めそうだ」

「さっき、マジカルナンバー7と言ったが、7つや最大9つにポイントをまとめることも、実際のファシリに役立つのか？」

「いい質問だ。ファシリ現場だと7つは、多過ぎる。実際のファシリテーションでよく多用するのは、**“マジカルナンバー3”**だ。結論や方向性を**3つ**に要約する」

　今度は、四谷はホワイトボードの左端に立った。
「例えば、表の左端に“ステージ”とあるが、これも**3つ**にまとめている」

「ステージ……？」

「ここでのステージというのは、時間軸だ。ファシリテーションを時間軸で**“3つのステージ”**に分けている。1ステージで3つ、合計9つのステップについて伝授しよう」

／「決める」

「3つのステージは、大きく**"準備"**、**"実践"**、**"行動"**に分かれている。準備ステージは**"会議前"**というイメージだ」

「会議前? ちょっと待て。なぜ、ファシリテーションするのに"前"なんだ?」

「そこだよ。三島は、それに気付いていなかったんだな。ファシリテーションで最も重要なのは、実は会議前の準備ステージなんだ」

　三島は、ホワイトボードの準備ステージに目を移した。

準備	決める 知る 振る	①決める：論点を決めて疑問文化する ②知る：制約(時間・場所・人員・ゴール)を知る ③振る：役割を割り振る

(最も重要なのは、ファシリテーション前の準備……)

「では準備ステージの1つ目、**"決める"**だ。これは論点。会議でいえば**"議題"**だ。議題を決め、答えが出るよう、疑問文化する。例えば、三島の先日の会議議題は何だったかな?」

「**"ウイルスについて"**だった」

「先日教えた**"4つのダメ"**にあるように、**"〜について"**はダメなんだ。なぜなら**"答え"**が出ないからだ。会議ファシリテーションの目的が答えを出すことであれば、議題は**疑問文**でなければならない。もちろん末

尾には**"？"**をつけなければならない」

「なるほど……」

「では、早速自分ゴトに落とし込んでみよう。先日の"ウイルスについて"を疑問文にすると何になる？」

「うーん、そうだな……。こんなのはカッコよくないか？　**"アフターコロナの事業戦略をどうするか？"**なんてどうだ？」

　四谷が渋い顔をした。

「ん？　正解じゃないのか？」

「いや、正解かどうかは、時と場合による。それが2番目の**"制約を知る"**だ。では聞くが、先日の会議の予定時間は1時間、メンバーは三島の設備課の部下たちだったよな」

「その通りだ」

「では、もう1つ聞く。そのメンバーにはビジネスコンサルタント並みに事業戦略を描ける人間はいたか？　よしんば、いたとして、1時間でその答えを出せただろうか？」

　三島は、会議参加メンバーの3人を思い浮かべた。
「四谷、すまん。彼らでは無理だ。議題選びが軽率だった」

「いや、メンバーを責めないでほしい。事前に宿題を与えて事前インプットの時間を与えたり、もしくは半年かけて答えを出すようなプロジェクトだったら、彼らでも良き答えを導き出せたかもしれない。でも、た

った1回1時間の会議で、専門家が参加しない場合、そんな難解な問い
では答えが出ないのが自然なんだ。じゃ、何が問題だと思う？」

「時間や参加者という**"制約"**から逆算していない議題だったというこ
とか？」

「その通りだ。そこで、お題を出そう。今のメンバー3人と1時間論じて、
答えが出せそうな問題を3つ考えてみてくれ」

　三島は、管理部門関連で問題となっていることを書き出した。

> ・問題点1：社内のウイルス感染リスクの管理
>
> ・問題点2：社員のワクチン接種率の低さ
>
> ・問題点3：リモートワークにおける生産効率

　三島が書き上げたのを見届けて、四谷は言った。
「では、それらの問題点の答えを出すべく、**疑問文議題**にしてみよう」

　数分間をかけて、四谷に差し出した。
「……こんな議題はどうだ？」
　四谷は、三島が差し出したノートに目を落とした。

・問題点1：社内のウイルス感染リスクの管理
　　→社内感染リスクを低減させるにはどうすればいいか？

・問題点2：社員のワクチン接種率の低さ
　　→社員のワクチン接種率を引き上げるにはどうすればいいか？

・問題点3：リモートワークにおける生産効率
　　→リモートワークでコミュニケーション効率を上げるには何をすべきか？

　「第一歩としては、まずまずだな。では、時を戻して、先日の会議前だったとしよう。三島はこれら3つの議題のどれを選ぶ？」

　三島は目をつぶって、当時の状況を回想した。管理部門として、喫緊の課題はぶり返してきた新たな感染問題だった。

「喫緊の課題だと、問題点1の**"社内のウイルス感染リスクの管理"**だな」

　四谷は、ホワイトボードをひっくり返し、白面にマーカーを走らせた。

ウイルスについて

↓

社内感染リスクを低減させるには
どうすればいいか？

「上段が先日の議題で、下段が今選んだ議題だ。どちらがより**"答え"**が出る議題だ？」

「……下段だな。テーマが感染リスク低減に絞られているし、そのための手段が"答え"になりそうだ」

「そうなんだ。ファシリは、会議前から始まっている。いや会議前の議題選びで、既に成果が見えている。"〜について"という議題を使ってはいけないのは、このためだ。ちなみに……」

　四谷はそう言って、三島のノートを取り上げた。
「これらの議題ももう少し工夫ができる。例えば議題に**"数字"**を入れると、グッと締まってくる。明確な答えが出やすくなるんだ……」

　そう言って、四谷は三島のノートに赤ペンで何やら書き込んだ。

・問題点 1 : 社内のウイルス感染リスクの管理
　　→社内感染リスクを低減させるにはどうすればいいか？
　　→今後1カ月で、社内感染リスクを現在レベルから50%低減
　　　させるには、どのようなガイドラインや制限が必要になるか？

・問題点 2 : 社員のワクチン接種率の低さ
　　→社員のワクチン接種率を引き上げるにはどうすればいいか？
　　→3カ月以内に、社員のワクチン接種率を現在の60%から
　　　100%へ引き上げるには、どのようなインセンティブや施策が必要か？

・問題点 3 : リモートワークにおける生産効率
　　→リモートワークでコミュニケーション効率を上げるには何をすべきか？
　　→リモートワーク開始から、離職率が10%以上増加した部署はどこか？

　三島は、なぜ四谷がファシリテーターとして優秀か垣間見た気がした。赤字で走らせた議題の方が、より目的がしっかりして、明確な答えが出そうだったからだ。

「あと、会議前の準備編では、もう1つある」
　四谷は、9ステップの③"**振る**：役割を割り振る"を指差した。

「先日の会議では、ファシリテーターとして孤軍奮闘していなかったか？」

「その通りだ。冷や汗をかいたり、怒りが込み上げてきたり、リーダーの務めとはいえ、"なんで俺ばっかり"を自問自答してばかりだったよ」

「それは、参加メンバーの力を引き出せていない証拠だ。そこで、やってみてほしいのは、役割を割り振ることだ。例えば、時間を管理するタイムキーパー、板書係のライターなどだ。会議への参画意識が飛躍的に高まり、ファシリテーターの重圧は半減していく。チームの力を活用するのだ」

　三島は、積極的に発言しようとした係長、最年少社員の意欲を生かすことができなかったことを反省した。

　次の会議から、会議前には"決める"を実行に移すことをイメージした。

「では、2つ目のステージは、"実践"。実践ステージは"会議中盤"、会議真っただ中だ」

　三島はホワイトボードの実践ステージをノートに書き写した。

実践	見せる	④描く：制約の中で、進行シナリオを描く ⑤見せる：議事を構造化、見える化する ⑥聞く・出す・絞る：議論を拡散 → 収束させる

　四谷は三島がノートに書き終わるのを待って、質問した。
「三島、会議が1時間の制約があるとしよう。その時、進行イメージ、進行シナリオを持って臨んでいるか？」

「いや、全く考えていない。流れに任せている。でも、そのせいかタイムオーバーとなっていたかもしれないな。俺には、そういうセンスがないのかもしれない……」

「いや待て。センスではない、怠慢なだけだ」
　そう言って、四谷はいたずらっぽく笑った。

「大学野球部時代、キャッチャーとしての三島のゲームメーキングは見事だった。どんな試合展開を考えてたんだ？」

「試合展開？　そりゃ野球は9回だから、**序盤・中盤・終盤**に分けて、ゲームメーキングしてたさ。野球人として当たり前過ぎるがな」

「それだよ、それ。1時間の会議、5時間の会議、2泊3日の経営合宿、すべて**"序盤・中盤・終盤"**で考えるのさ。また野球の話に戻るが、序盤・中盤・終盤に落とし込む前に、何か考えることはなかったか？」

「そりゃ、何点取れるか？　失点はどれくらいに抑えられるか？　圧勝するか？　僅差の戦いか？　の最終イメージをまず先に考えたな」

「そう、いわゆるゴールというやつだ。会議ファシリテーションも同じく**"ゴール"**を先に考える。会議でいうゴールはどんなものがあると思う？」

　三島は頭が野球人になってしまい、会議ゴールがなかなかイメージできなかった。
　四谷は見透かしたかのように、ヒントを差し出した。
「ゴールとは言い換えれば**"どうなったら終わるのか"**だ。例えば、三島が先ほど決めた議題のゴールは何になる？」

　三島はノートに書いた議題を見直した。

→社内感染リスクを低減させるにはどうすればいいか？

「そうだな、リスク低減させる手法を数多く挙げ、有効そうな手法、例えば3つくらいに絞り込むことだな」

「その場合**"感染リスク低減に有効な手法を3つに絞り込む"**がゴールとなる。これを会議初めに周知徹底しなければならない。この発言は、リーダーの**行き先意思表明**になるんだ」

三島はまたも自分の会議を省みた。

　ゴールを宣言することなく、いきなり始めていた。

「そのゴールに向かって、序盤・中盤・終盤に分けて大まかなシナリオ作りをしておくのさ」

　四谷はまたもホワイトボードをひっくり返し、マーカーを走らせた。

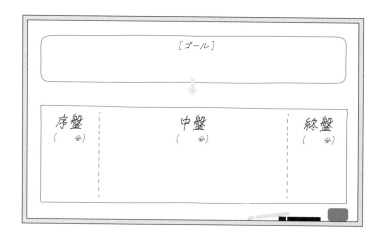

「上段にゴール、下段にシナリオだ。序盤・中盤・終盤にそれぞれどれくらいの時間を使い、どんな問い掛けや発言をするのか？　を大体イメージしておくんだ」

「ただ、会議ってなかなかシナリオ通りには進まないぜ。それでもシナリオ必要か？」

「俺たちが学生時代に青春をささげた野球は筋書きのないドラマだ。何が起こるか分からない、たった1球で急展開するのが野球だ。でも、バッテリーを組んでいた俺たちはどうだった？　ピッチャーのオレ、キャッチャーの三島は、シナリオや作戦を描かなかったか？」

　三島は、大学時代を思い出した。四谷の言う通り、野球は筋書きがないドラマだ。全く予想がつかないサヨナラゲームで歓喜した日もあれば、涙した日もあった。

　ただ、ゲームごとに、筋書きを組み立てていた。そのおかげで、スタミナを温存させたり、失点を最少に食い止めることができたことを思い出した。

「なるほど、シナリオがあれば最悪の最悪を回避できるわけか？」

「その通りだ。時に、議題がすり替わる、脱線する、時間が迫る、そんな時に、シナリオがあれば、どれだけ**ズレているか分かる道標**みたいなものになるんだ」

「確かにズレて脱線することは多々あるな。シナリオさえあれば、それを食い止めることができるんだな」

「いや、シナリオは必要だが、それだけでは不十分だ。そこで、⑤の**"見せる"**が必要になってくる」

「見せる……か？」

「"見せる"を端的に言うと、会議進行の可視化、つまり"見える化"だ。答えを出そうとしている会議で、こんなシーンに出くわさないか？」
　そう言うと四谷は、四角い顔を脱力させ、だらしなく虚空を見つめた。

「ハハハ、何だその表情は？」

「会議中、答えの描かれていない空気をただ眺めている奴らっていないか？　もしくは眉間にシワを寄せて、腕組みして黙り込むオッサンたち」

三島は、よくある光景を思い出し、うなずいた。

「彼らには、**"見える物"**がないんだ。いや、ファシリテーターが**"見せる物"**を用意してないのが原因だ。具体的には、会議室にある**ホワイトボード**を使っているかどうか。なぜなら、人は**"目"**、つまり**視覚から最も情報を仕入れている**。さっき言った虚空を見つめる参加者には、判断できる情報が提示できていないことが原因だ」

「議論が白熱してても必要なのか？」

「そうだ。その議論は**書き留めてない**限り、花火のように宙に消えて霧散してしまう。誰かの発言で、その前の発言が上書きされてしまうからこそ、議事を書き留めて、それを見える化することが重要なんだ」

　三島は、なかなか発言が活発にならないシーンを思い出した。

　その会議ではホワイトボードを使わず、ただ会議を進行させていた。
　結果として、虚空を見つめたり、腕組みをしたり、長考する者が目立ち、発言が進まない。時間だけがダラダラ過ぎていった。
「ホワイトボードを使うと発言が活性化するのか。早速やってみるよ」

「効果絶大だから、実践してみてくれ。ただ、発言してもらう**"手順"**というものがある。それが、**"聞く・出す・絞る"**だ」

「キク・ダス・シボル？」
「そう、参加者メンバーが主役、ファシリテーターが脇役だ。参加メンバーを主役に会議前半は**"拡散"**してもらう。つまり発言をしてもらい、どんどん広げるということだ。そして会議後半は**"収束"**させる。広げた意見を絞り込んで、結論に持っていく」

「拡散と収束……。そのために**キク・ダス・シボル**か？」

「そう、**"拡散"**に必要なのは、メンバーに**"聞き"**発言させること。この時に、発言した意見をホワイトボードに**"出す"**ことだ。これが**"聞く➡出す"**だ。ところがな……」

　そう言って、四谷が四角い顔をほころばせた。
「ところが、実際には**"言う➡流す"**をしているファシリテーターが多い。つまりファシリテーターが一方的に話しまくって**"言う"**、そしてメンバーの発言を書き残さずにスルーして**"流す"**。そんなファシリテーター、見たことないか？」

　三島は、まるで自分のファシリテーションを見透かされたようで、真っ赤な顔で下を向いた。

「言語化する」

　ノートを取りながら、恥じて下を向く三島に目もくれずに四谷が続けた。

　「では、最後3つ目のステージは、**"行動"**。行動ステージは**"会議終盤"**だ」

行動	言語化	⑦ 短く：短文で言語化する ⑧ まとめる：次の行動を明確化してまとめる ⑨ 早く：即時共有する	議論要約

　ノートに書き写した三島が見上げると、四谷がニヤニヤしていた。

「"終わり良ければすべて良し"。この言葉を覚えているか？」

　三島はすぐにピンときた。

　大学野球の最後の年、三島は3番打者という中軸ながらシーズンを通して絶不調だった。

　ところが、学生最後の試合、1点差を追う形で迎えた9回裏。ランナーを1人置いて、3番三島に打順が回ってきた。学生最後の打順と力み過ぎで2回の空振り、ストライク。開き直って肩の力を抜いて3球目の速球を思い切りたたき、逆転サヨナラホームランを放ったのだった。

　打順が回らなかった4番打者の四谷が、ホームベースに帰ってきた三島を誰よりも祝福してくれたことを思い出した。

　シーズンの絶不調が帳消しになる、そんな会心の結末だった。
「三島が何を考えているか分からないが、これは会議の話だ。どんなに
いいファシリテーションをしても、最後が締まらなければグダグダだ。
その最後とは、**"行動"**につながるようにコトバを紡ぐ、つまり**"言語化"**
することだ」

　栄光のフィナーレ回想から戻ってきた三島が聞き直す。

「**"言語化"**ってことは議事録か？」

「いや、ここでは議事録を指さない。なぜなら、議事録はファシリテー
ションでは比較的重要ではなく、今後は音声認識などによって、ますま
すその意義は薄れていく。ここでの言語化は、会議終盤で結論を要約し
たり、次の行動に移りやすいように、短いコトバに残す、ということ
だ」

　三島はまだのみ込めなかった。

「例えば、⑦の**"短く"**は、結論を短いコトバで言語化することだ。も
っと具体的に言うと、さっきの実践ステージの**"聞く・出す・絞る"**を
思い起こしてくれ。意見を**"拡散"**させ、**"収束"**させる。収束時には、
広がった発言を絞り込むことになる。それを最後は1つに絞って、結論
を**短いコトバで言語化**するんだ。ファシリテーターが会議終盤に、言語
化した結論を参加メンバーに見せ、議題の答えはこれでいいか、と締め
る。これをしなければ……？」
「終わりが良くないので、すべて良くない、か？」

「その通りだ。どんなに苦しいことがあっても、あの時の逆転ホームラ
ンのように最後を締めなければならない」

やはり、四谷も会議の話に終始しながら、あの時のことを思い出していたのだ。三島は胸が熱くなった。

「……分かった。⑧の"**まとめる**"は何だ？」

「結論が出たとしよう。しかし"**総論OK、各論NG**"ということもよくある。それはつまり、自分ゴトに落としてはじめて、解像度が上がったということでもある。各論がNGにならないよう、行動レベルに落としていく時に、たった**3つの要素**を整理しておくと、格段に行動レベルが促進される」

　そう言って、四谷はホワイトボードに書き出した。

タスク	担当	スケジュール
#1　今日の結論を部長会で共有	課長	○月×日(月)
#2　宿題調査を報告書にまとめる	係長	△月◇日(木)

「タスク、担当、スケジュール……？」

「そうだ、それが**3要素**だ。"**タスク**"は、やること。冒頭にタスクナンバーを振っておくといい。次にそれを実行する"**担当**"で個人名を記す。最後にそれを実行する"**スケジュール**"だ。日付は開始日、完遂日などを明確にしておく。この3つだけを押さえれば、行動化できる」

　三島は少々拍子抜けした。
「これだけでいいのか？」

「そうだ、これだけで驚くほど行動化する。なぜなら、行動化から逃げる要素を排除しているからだ。言わば、**行動できない理由を3要素で消し込んでいるんだよ**」

　三島は、またも自分ゴトで考えていた。会議に時間を費やしても、なかなかメンバーの行動に落とし込まれないのは、この3要素を明確にしてなかったからだと省みた。

「そして、最後が⑨の“**早く**”だ。結論や3要素をいつ共有するのがいい？」

「そりゃ、議事録に落とし込んで、当日共有が最速だろう」

「三島、それは遅過ぎるよ。会議ってものは、一旦会議室を出たら、その内容を急速に忘れさせる。次の仕事が待っているからな。だからこそだ、当日じゃ遅過ぎる。会議終了のその場でホワイトボードに書かれた結論や3要素を写メに撮り、会議参加者のメーリングリストに送る。すべて会議時間内に終了させる。そんなスピード感で会議が終われば、“終わり良ければすべて良し”だ」

　三島は大きなため息をついて、空を見上げた。
　四谷の白亜の邸宅に似合うような青空は次第にオレンジ色に染まり、カラスが飛び交うようになっていた。

　ホワイトボードに書かれ、ノートに書き写した9ステップを振り返ると、すべて実践していないことだった。

（よし、のびしろは十分過ぎるな）

そんな独り言をつぶやくと、寝ていたマルチーズが尻尾を振って、家に戻っていった。

振り返ると、四谷の奥さんが食事の用意ができたと知らせている。

この四谷邸でのレッスンが三島のファシリテーション・スキルの礎_{いしずえ}を築いた。四谷という"第1の先生"に教えてもらった強力な基礎の上に、これから"第2の先生"が現れるとは、その時は知る由もなかった。

　焼肉居酒屋に集まった同期たちは、いつの間にか車座になって、三島を取り囲んでいた。

「いやー、初めて聞くお話ばかりですな。この際だから、質問タイムを設けましょう。どなたか質問ある方いますかぁー？」
　丸顔の幹事の呼び掛けに、真っ先に手を挙げたのが、紅一点の女性同期だった。

「ようやく分かったわ。三島君が管理本部で、離職率低下や人材採用で実績を残してきたのは、ファシリテーション・スキルを駆使して、**"会議"**の場で**"人"**を動かしてきたのね」

　三島は、はにかみながらツルツルに剃り上げたアゴを触っている。

「それでね、私も管理職として会議をしても、なかなか人が動かず、心折れることがあるの。三島君は、心折れることはないの？」

　同期たちは、固唾を飲んで三島の回答を待った。
「うん、確かに**"第2の先生"**がいなければ、心が折れていたかもしれない。それに……」
　同期たちは、三島の次のコトバを待った。

「それに、**"彼ら"**がいなければ今の実績は残せなかったに違いない」

「え？　彼ら？　第2の先生って、何人もいたの？」

「……そうだ。第2の先生は、3人いる。じゃ、その話をしようか」

第2章のまとめ

本章冒頭に掲げた問いは、次の通りでした。

第2章の問い

ファシリする上で、すべきことは何か？

読者の皆さんは、答えられますか？

ストーリー形式であったので、ここに簡潔に答えを書き出しておきます。全部で**9ステップ**ありました。

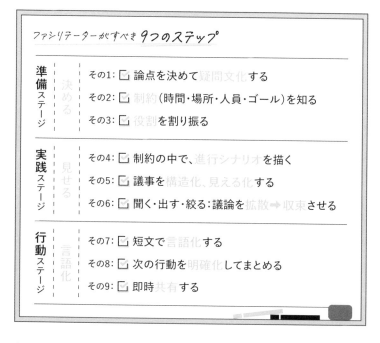

ファシリテーターがすべき**9つのステップ**

準備ステージ	決める	その1: ☑ 論点を決めて疑問文化する
		その2: ☑ 制約（時間・場所・人員・ゴール）を知る
		その3: ☑ 役割を割り振る
実践ステージ	見せる	その4: ☑ 制約の中で、進行シナリオを描く
		その5: ☑ 議事を構造化、見える化する
		その6: ☑ 聞く・出す・絞る：議論を拡散➡収束させる
行動ステージ	言語化	その7: ☑ 短文で言語化する
		その8: ☑ 次の行動を明確化してまとめる
		その9: ☑ 即時共有する

第1章の"4つのダメ"は抽象的だったのが、より具体的になったのではないでしょうか？

さあ、この9ステップを実践に落とし込んでいきましょう。

column

ファシリテーターの本音

ブラック会議なんて、やめてしまえ！

ファシリテーターの本音です。
よく、こんなことを聞かれます。
「こんな会議、やめてしまえ！　なんて会議ありますか？」

「どの会議にも意義があるので、やめてしまえなんて、そんな会議はございません」
と表向け行儀よく答えますが、実は逆です。

今回はそんな話です。

「そんなんだったら、やめてしまえ！」
という会議があります。
そう、読者の皆さんも見かける**“ブラック会議”**です。

「え?　ブラック会議？」
と思われた方、無理もありません。
私の造語ですから……。

“ブラック会議”とは、オンライン会議でカメラをオフにした真っ暗な表示だらけの会議です。

コロナ禍になって、外出規制が強くなり、それでも仕事を続けるためにオンライン会議が浸透し始めました。

当初は戸惑いながらも、
「お、通常の会議とあまり変わりないかもしれない」
と少しずつ、オンライン会議に慣れ始めたことでしょう。

Amazonや家電ショップでは、高性能カメラやマイクが売り切れになったことを思い出します（もはや懐かしい）。

ところが、です。

目を離すと、意外なことが進行していました。
オンライン会議は、カメラ付きPCやスマホで行えるため、自らの顔を相手にさらして参加できるのですが、いつのまにか、顔出しをしない、いわゆるブラック会議に変貌してしまいました。

つまり顔出ししないのが<ruby>デフォルト<rt>あたりまえ</rt></ruby>になってしまったのです。

「私はいつも顔出し、してるよ」
そういう方ももちろんいます。

これはあくまで経験上ですが、事業規模が小規模（個人事業主や中小企業）になるほど画面オン（顔出し）率が高く、大企業になるほど画面オフ（ブラック）率が高い傾向があります。

ブラック会議を見た時、いやー、これには違和感を覚えましたね。例えて言えば、街を歩く女性全員が、イスラムの教えを守る女性のようにヒジャブ（スカーフ）をまとって、顔を隠しているような場面に出くわした感じです。

そもそも**"視覚"**って最も情報を得られる最強の感覚じゃありませんか？

仕事柄、ファシリテーションする際、私は参加者のことに神経を研ぎ澄ませて、一挙手一投足を注視しています。そこから情報、例えば、あくびが多発し疲れが出始めたら、休憩を入れ空気を入れ替えるとか、意見が合意に向かいそうな中で納得してない表情の少数派がいないか、とか、"目"から情報を集めています。

「随分、参加者思いですね？」

そう言われることもありますが、うーん違います。
ファシリテーターが定めたゴールに、早く確実に連れていくため、参加者の表情をキャッチするのは必要最低限のタスクなんです。
だって、態度って顔に出ますから、それによって速やかな軌道修正が必要になるからです。

では、なぜブラック会議がデフォルトになったのか？

何十人か、大企業の方にインタビューしたところ、
・ネット回線の問題（画面オンにすると速度が遅くなる）
・女性が毎回化粧をしなければならない
などの答えが返ってきますが、どれも**曖昧な回答**でした。

本当の答えは**「だってみんな、そうしてるから」**が実情なのでしょう。
あんまり考えていないのです。

でも、ブラック会議のまま進めて、

・納得性がないために行動化しない合意を取り付ける
・離職を考え始めた者の兆候を見逃す

などの弊害が起きやしませんかね？
そんなことを懸念しています。

じゃあ、どうすればブラック会議を避けられるか？
私の経験を話しますね。

「今度の会議は、顔出しして始めます」と主催者が予告するだけ。
たった、これだけです。

先に伝えたように、画面オフにして、ブラック会議にする確固たる理由
はありません。どうしても画面オフを続けたいブラック会議推奨派なん
てのも、ありません。

誰も指摘しないだけで、深く考えないで、浸透してしまっているのです。

顔出し会議が実現した暁には、ファシリテーターは、参加者の表情を注
視しましょう。

何のためか？
もちろん、それは、ゴールに向けて、無理なく最短時間で全員を連れて
いくためです。

～実践編～

第3章

9ステップを体験に
落とし込む

ファシリテーションとは何か？

前章では、"ファシリテーターが心得るべき9つのステップ"を
紹介しました。

本章では、ファシリテーションを学んだ三島と部下たちが、
それを実践していきます。
そこで読者の皆さんに投げ掛けたい問いがこちらになります。

ファシリテーションとは何か？

この問いは、"ファシリテーションの定義"を求めています。
というのも、ファシリテーションというコトバ自体、カタカ
ナ横文字ですから、その定義って、深く考えられてないので
す。

「ファシリテーションとは○○○○である」というのが答えに
なりますが、○○○○に入るコトバは何になりますか？

本章では、三島たちがファシリテーションを駆使しながら、
問題解決をしたり、成果を挙げたり、課題を解決したりし始
めます。読み進め、彼らを俯瞰的に見ながら、あなたなりに
○○○○に入る定義を考えてみてください。

ファシリテーションを体験する

　月曜日の朝にすするブラックコーヒーほど苦くて、美味いものはない。

　四谷の自宅でのファシリテーション・レッスンから1週間。

　三島は、自分の中で会議ファシリテーションのスキルをもっともっと高めたいという意欲が高まっていくのを感じていた。

　ファシリテーションのことは、手書きノートにびっしりメモしてあったが、よりどころはスマホに収めた2枚の写メだった。

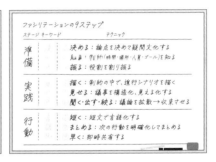

　（よし、今日から皆に教えていくか……）

　三島は、自分に言い聞かせた。

　毎週月曜日の9時からは、課内メンバーとの定例会議だった。コロナ禍以降、リモートワークを取り入れてはいたが、徐々に出社を増やし、月曜はリアル会議というルールにしていた。

　とはいえ、定例会議はどこの会社にもあるように、前週の報告、今週の予定を述べ合う会議……のはずだが、その進行は完全に形骸化して、ほぼ三島からの伝達会議となっており、課内メンバーの多くが、あくびをしながら参加していた。

AM 8：50。

メンバー3人がゾロゾロ会議室に集まってきた。

低いモチベーションにムチをうつように、皆コーヒーを持ち込んでいるせいか、会議室にコーヒーの香りが充満した。

その日は、10年に1度といわれる大型台風が大雨を降らせていた。

「みんな、おはよう！　外の大嵐、大丈夫だったか」

呻くような低音で、"ウィース"などの返事が聞こえる。

メンバーの低いテンションに負けないように、と三島は意を決した。

「……突然だけど、こういう会議やめないか？」

三島の意外な呼び掛けに、さすがにメンバー全員が驚いた。

「いや、月曜の会議は続けていきたい。だけど、こういうモチベーションが低い会議は、週初めからしたくない、変えたいんだ」

一同は、コーヒーカップに口をつけたまま、黙っている。

「時間が長く中身が薄い会議を**"短く濃い会議"**に変えていきたい。そのため、私は**ファシリテーション・スキル**というものを学んだ。矢尾、ファシリテーション・スキルは知ってるか？」

矢尾宏和は、課内のナンバー2である係長だ。

嫌な仕事を進んで引き受ける人の良さで人望があるが、人に合わせ過ぎて押しが弱く、なかなか自分の意見を表出しない。

「ふぁ、**"ふぁしりてーしょん"**ですか？　すいません。すぐ勉強します🍃」

矢尾の口ぐせの「すいません🍃」が出て、場がどっと沸いた。

「鈴本や犬井も笑ってるけどさ、**"ファシリテーションの定義"**つまり、**"ファシリテーションとは何か?"**を言えるか?」

　今度は、全員が黙り込んだ。
　しばらくの沈黙の後に、三島が続けた。
「……いや、実はさ……。私も学んだばかりで、定義できてないんだよね」

　再び場が沸いて、空気が緩んだ。
　緩んだといっても、穏やかな春の日差しが差し込んできたようなほのぼのさ、だ。

（そうか、**アイスブレイク**ってこうやるのか）

「私も学びたてだ。そこで皆にも協力してほしい。**"ファシリテーションとは何か?"**、その答えをみんなも一人一人考え、言語化し、後日教えてほしい」

　メンバーへの期待と宿題を伝えたことで、今度は場が引き締まった。

　不思議な感覚だった。というのも朝の停滞感は、とっくに消えていたからだ。
　三島は、リーダーのファシリテーション次第で場が硬くもなるし、柔らかくもなることを実感した。

「犬井、先月みんなでやった会議議題を覚えているか?」

　犬井遊助は、大学卒業したての新入社員だ。体育会アメフト部の出身だから上下の礼儀はしっかりしているが、まだきちんとした敬語は使え

ていない。

「えっとぉー、確か“**ウイルスについて**”でしたっすよね？」

「そうだ。あの会議、どうだった？」

「……え？　ぶっちゃけ、言っちゃっていいすか？……時間のムダだったと思います」

　隣に座った矢尾が、爆笑しながら犬井の頭を叩こうとして、場が盛り上がっている。

「正直でよろしい。犬井の言う通りだ。議題選定から私の大ミスだ。みんな、覚えておいてくれ。議題が“**〜について**”では、答えが出ないんだ。会議で答えを出すには、議題は答えを導く疑問文でなければならない。そこで、私から議題を提案したい……」

　三島は、先週四谷が赤字入れしたノートを見返した。

その1 論点を決めて疑問文化せよ

　ノートには、三島が書いた議題に、四谷が赤字を入れた3つの議題が並んでいた。

・問題点1：社内のウイルス感染リスクの管理
　→社内感染リスクを低減させるにはどうすればいいか？
　→今後1カ月で、社内感染リスクを現在のレベルから○割削減させるには、どのようなガイドラインや勤務が必要になるか？

・問題点2：社員のワクチン接種率の低さ
　→社員のワクチン接種率を引き上げるにはどうすればいいか？
　→3カ月以内に、社員のワクチン接種率を現在の60%から100%へ引き上げるには、どのようなインセンティブや施策が必要か？

・問題点3：リモートワークにおける生産効率
　→リモートワークでコミュニケーション効率を上げるには何をすべきか？
　→リモートワーク開始から、離職率が10%以上増加した部署はどこか？

　中でも、社内的に喫緊の課題と思われる"問題点1"をピックアップし、メンバーに掲げた。ただし、初めは赤字入れした四谷案ではなく、三島案を提示した。

・問題点1：社内のウイルス感染リスクの管理
　→社内感染リスクを低減させるにはどうすればいいか？

「前回の"ウイルスについて"では、話が脱線した。それは、議題が曖昧だから脱線するべくして、脱線してしまったんだ。そこで、議題を疑問文化することで、具体的にしてみたんだ。この議題の答えを我々で出してみないか？」

「確かに、これは現在我が社の喫緊の課題で、我々が属する管理本部が解決をしなければならない**"問い"**ですね。"ウイルスについて"より、濃い議論ができそうです」
　そう言って、腕組みをしながら矢尾が大きくうなずいている。

「私は反省したよ。ダラダラした会議で、皆を叱責しながら、それを生み出した張本人は私、いや私が作った議題が悪かったんだ」

「へー、議題って大事なんすね〜」
　生意気口調の犬井を矢尾が小突いた。

「そうなんだ、議題は答えが出るようにファシリテーターが工夫しなければならない。そのために具体的な**"問い"**に変換する必要がある。もう1つ言うと、この議題に**"数字"**を入れると、グッと締まってくる。例えば……」

　三島は、ここで四谷の赤入れ議題を追記してみた。

・問題点1：社内のウイルス感染リスクの管理
　　A→社内感染リスクを低減させるにはどうすればいいか？
　　B→今後1カ月で、社内感染リスクを現在レベルから◯◯％低減させるには、どのようなガイドラインや制限が必要になるか？

「犬井、どうだ？　AとBは、どっちが具体的だ？」

「……もちろん、Bですね。だって**"1カ月で50%低減"**という期限が決まっているのと、**"ガイドラインや制限"**という成果物がはっきりしているじゃないですか。自分のような下っ端は、命令が具体的な方が、動きやすいんすよ。でも具体的に命令してくれる人、めったにいないっす」

　犬井のお目付け役である矢尾は、思い当たる節があるのか、今度は犬井を小突くことはしなかった。

（具体的な命令の方が動きやすい……）

　三島は、最年少の犬井のコトバにハッとした。

　とかく**"部下が動かなくて……"**などと愚痴をこぼし始めた管理職同期に共感していた自分は、具体的なコトバを使っていたのだろうか？　曖昧で抽象的なコトバに終始していなかったか？　大いに気付かされた。

「私も気を付けるが、みんなも気を付けてくれ。議題は曖昧にしないこと。もし曖昧な議題であれば、**"この議題で、答え出るんすかね?"**、こんなふうに突き返してくれ」
　犬井の口調を真似た三島に、会議室が再び沸いた。

その2 制約を知れ

「この議題って、三島課長が会議前に考えてくれていたんですよね。ありがとうございます。事前に議題を考える上で、注意することってありますか？」

これまで発言を控えていた鈴本サキが口を開いた。

鈴本は、決して前に出るタイプではないが、テキパキとした仕事ぶりで、周囲から頼りにされていた。何よりも依頼者の意図を確認することで、仕事成果のズレを極力抑える努力をしていた。そのため、毎回キレのいい質問を投げ掛ける。

「うむ、いい質問だ。議題を作る上で知らなければならないことがある。それは**"制約"**だ。具体的に言うと、**"時間""場所""人員""ゴール"**だ。一つ一つ説明しよう」

そう言って、三島はホワイトボードに**"時間"**と書いた。

"時間"の制約

「会議には必ず**"始まり"**があって**"終わり"**がある。つまり、時間の**"制約"**を受けているんだ。例えば、月曜朝のこの会議の制約は、1時間だ。議題を選ぶ時、1時間で何かしらの答えが出ることから逆算して、議題を選ばないといけない」

「答えが出ない議題は、壮大過ぎるということですか？」

「鈴本、その通りだ。逆に、強引に時間内に抑え込もうとすれば、答えが疎かになる。ファシリテーターが、時間の制約を意識しているかどうかで、中身は全然変わってくるんだ」

　三島は、次の制約を書き出した。

"場所"の制約

「会議は"どこで"やるかも、とっても重要だ。静かで快適な会議室か？ガヤガヤしたカフェでもいいのか？　議題に見合った場所は雰囲気も意外に重要だ。とりわけ重要なのが、コレ」

　そう言って、三島はホワイトボードを叩いた。
「ホワイトボードがあり議論を見える化できる環境か、これが重要だ」

「三島課長がご存じの範囲で、会議の場所にこだわっている他社事例はありますか？」

「そうだな、他社はあまり分からないが、例えば取り決めごとをする会議の頂点は"先進国首脳会議"、いわゆるG7サミットがあるが、世界各国で開催される場所の多くは水辺の見える場所が多い。日本では過去7回開催されたが、直近4回は水辺の環境[4]だ。これは、あくまで、私の仮説だが、水辺が選ばれたのは、もちろん警備のしやすさもあるだろうが、水辺を見せることで参加者の気持ちが安らぐ効果も狙ったのではな

---

[4]　日本におけるサミット開催地は、第1回（1979年）、第2回（1986年）、第3回（1993年）はすべて東京、第4回（2000年）が九州・沖縄、第5回（2008年）が北海道洞爺湖、第6回（2016年5月）が三重県伊勢志摩、第7回（2023年5月）が広島県宇品島。

いだろうか」

　気付けば、会議前のまったりした停滞感が吹き飛び、参加者が熱心に
メモを取り出した。

「3つ目がこれだ」

"人員"の制約

「議題を決める時、答えを意識するのが大事だが、時間内にこのメンバ
ーで、この人員で答えが出るのか、これを見極めるのも重要だ。例えば、
"感染率をゼロに抑え込める特効薬の成分は何か、またいつ完成する
か？"などという議題があったとして、我々で答えを出せるか？」

　矢尾を凝視すると、
「む、無理です。我々、医療や製薬業界の専門家ではないですし……」
　と激しく頭を振っている。
「でも、そうか！　だから、社内感染リスクを低減させるべくガイドラ
インを考える議題は、社員全員のことを考える管理部門ならではの議題
なんですね？」

　矢尾の気付きに、三島をはじめとするメンバーが大きくうなずいた。

「最後はこれだ」

> "ゴール"の制約

「ゴールって**"会議で答えが出ること"**、それだけっすよね？」
　犬井が素朴な疑問を投げ掛ける。

「うん、答えを出すことには変わりないが、色々な形がある。例えば、こんな感じだ」
　三島は、ホワイトボードに箇条書きリストを書いた。

・A：たくさん答えが出て、その中の1つに全員合意で決まる

・B：たくさん答えが出て、意見が分かれ、1つに絞り込めない

・C：1つも答えが出ない

「犬井、ファシリテーターだったら、どれが一番のゴールだと思う？」
「うーん、そりゃ Aの全員合意ですね。逆にCは成果なしっすよ」

「ということは、ゴールは1つじゃない、ってことかな？」
「……あ。そうっす。3通りっすね。上から松・竹・梅みたいな感じっすかね」

「ファシリテーターたる者、制約時間内に、この場所、このメンバーで、最上のゴールに辿り着けるか？ そんな議題選定のために、**"制約"**を知ることが大事なんだ」

「課長は、松・竹・梅、いや、このABCだと、どの順で考えるんすか？」

「犬井、とってもいい質問だ。ファシリテーターたる者、ここのC、つまり最悪から考える。そして、もちろん最上のAを目指す。とはいっても、Bに落ち着くことが多いけどな」

「いやー、三島課長、お見事っす。大変勉強になりました」
　頭を下げる犬井を、"いい加減にしろ"とばかりに矢尾が小突いた。

その3 役割を割り振れ

「"司会とファシリテーターの違い"、って何だと思う?」

　目が合い、ろうばいする矢尾を無視するように、三島はホワイトボードに向き直った。

　「その違いは、主役が誰か、ということだ。司会は、自分を主役に進行する。だから、**話し上手**が多い。一方で、ファシリテーターは自分以外の相手が主役だ。だからこそ、名ファシリテーターには**聞き上手**が多いんだ」

　「これって……」

　ホワイトボードを凝視していた鈴本サキが控えめに手を挙げた。

　「あくまでイメージなんですけど、司会は自力で推進するエンジン船。ファシリテーターは、自力では動けず風の力で進むヨットって感じでしょうか?」

「私は船のことは分からないが、まさにその通りだ。

　相手に動いてもらうために、ファシリテーターは、おねだり上手にもなった方がいいんだ。そのため、一人でファシリテーションしないことも必要になる。どういうことか分かるか？」

　目が合っていないのに、矢尾が必死に頭を振っている。

「それは、会議参加者メンバーに役割を振ることだ。例えば、会議には3つの役割が必要だと思う」

［ファシリテーター］問い掛けたり、責任者として進行を司る

［タイムキーパー］時間を管理する

［ライター］議事をホワイトボードなどに書き出す

「ホントは、ファシリテーターは、タイムキーパーがやる時間管理、ライターとしてホワイトボードへの書き出しなど、一人で同時にこなさなければならない。でも、これはやってみて分かったんだが、なかなか難しい。だから、役割を割り振ることで、ファシリテーションが楽になり、かつ周囲を巻き込むことができるんだ」

　また質問が来るかとおびえる矢尾を見ると
「はい！　ワタクシ、タイムキーパーやらせていただきます！」
と威勢よく立ち上がった。

「では、ホワイトボードに議事を書き出すライターは……」

　ここで犬井も威勢よく手を挙げ、立候補すると見せかけ
「あ、ライターは鈴本さんが適任じゃないすか？」

「お前じゃないんかい！」

　矢尾のツッコミに笑いが渦巻いたが、鈴本が
「はい、私やってみたいです。やらせてください……」
　の静かな一言で、オオオォーと拍手が起こった。

「ありがとう、ありがとう。こうやって役割を振ることで、いくつかい
い効果が生まれる。例えば……」

　そう言って、ホワイトボードに向かおうとした三島の手からマーカー
を引き継ぎ、鈴本が皆に一礼してホワイトボードを占拠した。

・ファシリテーターが一人にならずに済む

・周囲の力を引き出すことにつながる

・役割が多いことで会議が活性化する

鈴本が三島のコトバをホワイトボードに書き出している間に、それぞれを詳しく説明した。

「ファシリテーターは、一人で引っ張ろうとすればするほど孤独を感じてしまうものだが、周りの力を借りればその孤独感は驚くほど消えてしまう。結果として、周囲の力を引き出しやすくなるし、会議も活性するんだ」

「あ！　私も仕事させてください。現在、会議開始から20分経過しましたので、60分会議でしたらあと40分残っております！」

　軍人のように敬礼する矢尾のハッスルぶりに、会議室は大きな笑いで包まれた。

その4 進行シナリオを描け

「さあ、では会議を始める。タイムキーパーの矢尾さんによると、使える時間は40分だ。実は、こんなシナリオで進めようと思うんだけど……」

そう言って、三島は自分のノートに書いたシナリオをメンバーに共有した。

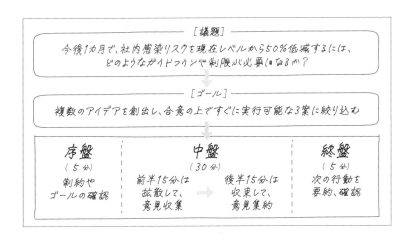

「先ほども言ったように、ファシリテーターは"時間"の制約を背負っている。今回は40分だ。まずは議題を疑問文化する。そして、ゴールを定める。そして進行は**"序盤""中盤""終盤"**と3つに分ける。メイン議論となる**"中盤"**は、前半が**"拡散"**、後半が**"収束"**という感じで進めていきたい」

ふんふんとうなずいていた犬井が手を挙げた。
「質問があります。こういう何つーか、シナリオっていうんすかね。こ

ういうのって、ファシリテーターがすべて描いてるんすか？」

「そこだよ。本来ぼんやりでも描くべきなのに、描くファシリテーターが少ない。だから、タイムオーバーや議論の消化不良で終わってしまうことが多いんだ」
　犬井は他のメンバーと違ってスマホにメモを取っている。

「あと、もう1つ質問です。こういうシナリオって、今回みたいに参加者に事前に見せるものなんすか？」

「こういったシナリオはファシリテーターのメモ書きみたいなもんだから、あんまり公開はしないものだ。ただ、後ほど別の形で公開、いや"見える化"をしていく」
「ありがとうございます。自分は、最初に全体が見えた方が、集中力の使いどころが分かるんで、ありがたいっす」

　ホワイトボードでスタンバイしている鈴本が問い掛けた。
「こういうシナリオがなくて始めてしまうと、グダグダになってしまうんですね。では始めましょうか」

「おいおい、鈴本がファシリテーターみたいだな」
　再び、笑いが起こった。

その5／議事を見える化せよ

「では、会議をスタートしよう。えーと……。**"序盤"**は何分で何をする予定だったかな〜」

　三島にのぞき込まれた矢尾は、あわててデスクに置かれたノートのシナリオを見入った。
「最初の**"序盤"**は、5分間で制約やゴールの確認になります！」

「うむ。ここでみんなに覚えてほしいことがある。**長い会議**って好きか？」
　全員が頭を振ってNOを示した。

「そうだよな。長い会議を好む者はいない。だのに、なぜ会議が長くなるのか？　それは**いきなりスタート**させてしまうからなんだ」

　メンバーの顔に「？」が浮かんでいる。

「どういうことかというと、いきなり始めるのではなく、最初に**"ゴール"**を決めて、それから**"スタート"**すべきなんだ。例えて言うなら、走り出す前に**"10分以内で駆け抜ける1キロ走"**なのか、**"半日かけて辿り着く42キロマラソン"**なのか？　まず先に**"ゴールを決める"**。そして、それを**"見える化する"**」

　犬井が不思議そうな顔をしている。
「さっきの**見える化**……すか？」

「例えば、これから私が話すことをホワイトボード上段に小さく書き出

99

してみてほしい。それが**"見える化"**だ」

　三島は1分強かけて話す。それを鈴本が大急ぎでホワイトボード上段
に書き出していく。

・制約情報：40分／メンバー：三島さん、矢尾さん、犬井さん、鈴本
・役割：ファシリは三島さん、タイムキーパーは矢尾さん、ライターは鈴本
・ルール：積極発言・均等発言・否定しない
・議題：今後1カ月で、社内感染リスクを現在レベルから50％低減
　　　　するには、どのようなガイドラインや制限が必要になるか？
・ゴール：複数のアイデアを創出し、合意の上ですぐに実行可能な
　　　　　3案に絞り込む

「これが、これから40分の会議の方針、ゴールだ。何か質問あるか？」

　犬井が手を挙げている。
「仮にっすけど、制約時間内にゴールに辿り着いた場合はどうなんす
か？　40分の制約の中、30分でゴールに到達したら？」

「いいところに気付いた。ゴールとは**目的であり終了条件**だ。つまり、
そこに辿り着いたら終了。長く会議をする必要はない」

　メンバーは、これまでによほど長い会議に辟易していたのか、全員か
ら歓声が上がった。

「私からも質問があります。三島課長の早口を急いで書き出すのが、大変だったのですが、口頭だけで済ませれば、書き出さなくてもいいのではないでしょうか？」

　鈴本の問いに、三島はゆっくり首を振った。
「それはダメなんだ。理由を言おう。会議って、よく脱線しないか？」

　矢尾が大きくうなずいている。

「それは、議題やゴールを文字通り見失うからなんだよ。そこで、事前に書き出して、**見える化**しておくと、戻ってくることができる。例えば、大きく脱線したとしよう……」

　そう言って、三島はホワイトボードの横に立ち上がってボードをドンドン叩きながらメンバーを見据えた。
「"脱線してますよ。ここに戻って早く終わらせませんか？"。こう言えば、事前に**押しピン**※5しているところに戻れるんだ。
　ん？　犬井、どうした何か分からないか？」
「いえ、見える化はよく分かりました。だけど、"オシピン"って何すか？」

　矢尾がすばやく耳打ちし、犬井が膝を叩いた。

※5　画鋲のこと

その6 / 議論を拡散、収束させよ

「では"序盤"の5分が過ぎたので、これから本格会議ですね。今から30分の"中盤"に入ります」

そう言って矢尾が左腕のスマートウオッチでタイマーを設定する。

「ホワイトボードに押しピンした通り、前半15分はとにかくアイデアを出していこう。私が大事にしたいルールは**"否定しない"**だ」

そう言って、鈴本に何か耳打ちした。

三島は、メンバーの一人一人に問い掛け、意見を引き出していった。意見のたびにオーバーアクションで肯定し、わずか10分で大量のアイデアが出た。それを、鈴本がホワイトボードいっぱいに書き出した。

「前半の拡散タイムは残り5分です」

矢尾が着実に時を知らせてくれる。

「あ、質問いいっすか？ 何かー、今までにたくさん意見が出る会議の経験なかったんすけど、これだけ短時間で意見出たのは、何なんすかね？」

「時間があんまりないが、いい質問なんで答えよう。"拡散"フェーズでは、思考を文字通り拡散して、意見を出してもらう必要がある。今までと違うのは**2つ**だ」

犬井がスマホに打ち込む準備をした。

「1つは、**"雰囲気づくり"**だ。アイデア創出、意見出しはとかく**"否定"**に弱い。せっかく勇気を絞り出して言った意見を真っ向から否定された

ら、次に意見をする気力が失せてしまう。　だから、前半は全肯定していく」

「あー、だからダメ元で言った自分の意見も、**"それイイね"**とか**"別の切り口では？"**なんて受け止めてくれたんすね。意見言いやすかったっす」

「そういう雰囲気づくりをせずに"どんどん意見出してくれ"と言っても、なかなか空気は温まらないものだ。だから、拡散フェーズのキーワードは**"Never Say No"**、つまり決してNOを言うな、だ」

「あと1つは何すか？」

「あと1つは、**意見の見える化**だ。鈴本の苦心作を見てみろ」
　ホワイトボードの横の鈴本は、左手で右手をほぐしている。短時間で相当な量を書き出したので、腕が疲れたのだろう。

「会議での意見は、発言後、花火のように霧散してしまう。次の発言にどんどん上書きされて、忘れ去られてしまうんだ。たとえ、いい意見であってもだ。そこで、書き留めておくと、その意見に乗っかっていきやすい。この2つが拡散フェーズのコツだ」

　ここで、矢尾の腕時計のアラームが鳴った。
「中盤の時間は残り15分です。"拡散"を終え、"収束"に入ってください」

「よし、ここからはガラッと変えていこう。ゴールは**"3つに絞る"**だな」

「でも、3つに絞るって、大多数を捨てるってことすよね？　だとですねー、自分のような下っ端はやりにくいっす。だって、たとえ先輩のどうしようもないアイデアでも、"これはなしっすね"とは言いにくいっすよ。自分のアイデアだって、かわいいから捨てにくいじゃないですか。合

意形成できる予感しないっすよ」

「ハハハ、無理もないな。では、こうしてみないか。自分の意見以外で、すぐに実行可能な他者の良案を3つ挙げてくれ」

　三島以外の3人が挙げた案は、偶然3つに集約され、それぞれ矢尾案、鈴本案、犬井案が入っていた。

　この3案の中から、絞った1案で、ドラマが繰り広げられることになるとは、この時誰も想像できていない。

「収束時間終了まで、あと3分です」

「あ、また質問いいすか？」
　矢尾の知らせにあわてて、犬井が手を挙げる。

「あのー、収束フェーズも"見える化"って大事なんすか？」
　ホワイトボードを見ると、大量に書き出された意見の中で、3人が選んだ意見が赤マーカーで囲まれていた。

「もちろんだ。**異なる参加者が同じものを見る**、決める。合意形成は、これが大事だ。ファシリテーターはそういう仕掛けをやり続けなければならない」

　ピピピピッ。矢尾のアラームが鳴った。
「中盤の30分きっかりです」

　おおおー、と歓声と拍手が起こった。

その7·8·9 行動を言語化せよ

「時間内に会議が終わったぁー!」

チェアの背もたれを後ろまで倒し、犬井が大きく腕を伸ばし背をのけ反らせると、周囲の空気が一気に緩んだ。

「課長、こんなに**"短く濃い会議"**は初めてです」

肩の荷が下りたように矢尾が吐き出す。

緊張した面持ちでホワイトボードの前に立っていた鈴本も、疲労こんぱいの表情でテーブルに戻ってきた。

三島は大きなせき払いをした。

「ここに落とし穴がある。矢尾、事前のシナリオはこれで終わりか?」

やはり両手を伸ばしのけ反っていた矢尾が飛び起きて、ノートにあるシナリオを確認する。

「す、すいません! あと5分"終盤"が残っていました! **"次の行動を要約、確認"**とあります!」

パンパンパンッ!

三島の大きく手を叩く音で、場が一気に引き締まった。

「会議は終盤が最も疲れる。そこで、最後の5分を緩めてはならない。行動を言語化することが大事だ」

そう言って、三島がホワイトボードに向かうと、私が、とばかりに鈴本が駆け寄る。それを制して、三島が皆に向き直った。

「会議の決定を実行に移してこそ、コトは動く。今から5分で仕切る」

矢尾が大急ぎで、スマートウオッチにタイマーを仕掛けている。
ものの1分で三島は、ホワイトボードに書き出した。

タスク(何を)	担当(誰が)	スケジュール(いつまで)
#1		
#2		
#3		
#4		
#5		

「これが**"行動の言語化"**だ。3要素から成っている。

　1つは**"タスク"**、つまり何をやるか、だ。冒頭に必ず番号を入れよう。2つ目は、**"担当者"**、誰がやるか、だ。最後3つ目が**"スケジュール"**、いつまでに、だ」

「こ、これは逃げられないですね……」
　矢尾の独り言を無視するように、三島はホワイトボードのタスク、担当、スケジュールに決まったことや個人名を書き込んでいる。
　そこには、次回の会議までに調べること、調整すること、そして、担当者と明確な期日が書かれていた。

「次への行動案はこんな形で提案したいが、異論ある人？」
　三島の見事なさばきに、声を上げる者はいない。

「あわわわ……。アタクシのタスクがたくさん……」
　三島の笑みに溢れたにらみに、矢尾がしきりに"すいません"を連発

している。

「疲れた最後の5分でこれをまとめる。そして皆の前で合意する。残す
はあと1つ。犬井、スマホでこれを撮ってくれ」

　ホワイトボード全体が入るようステップバックして、犬井がスマホで
写真を撮った。

「後で、メーリングリストで写真を共有してくれ。次回の会議は、この
行動リストの進捗確認から行う。これをやっておくかどうかで、行動に
大きな差が出るんだ」

　ピピピピッ。矢尾がアラームを止めた。
「会議終了です！　そしてただ今ちょうど10時。会議開始からきっか
り60分です！」

　先ほどの疲れはどこへやら。メンバー同士がハイタッチした後、充実
の拍手がしばらく続いた。

「ちょ、5分だけトイレに行かせてくれ！」
　すかさず、丸顔幹事が空気を入れ替える。

「三島先生のおもしろ講義はまだ続きま～す。では5分休憩！」

　紅一点の女性同期が、"お疲れさま"と言いながら、ビールをつぎに来た。

「"第2の先生"って、矢尾さん、鈴本さん、犬井君のことだったのね。どうりでね」

「ん？　どうりで？」

「だって、矢尾さんは今や人材業界の有名人。子育てをしながら活躍する鈴本さんはいろんな部署で争奪戦されるぐらいのひっぱりだこ。犬井君は10年目かしら、社内起業にチャレンジして、子会社の社長に抜てきされ、大活躍じゃない」

「うむ。彼らに支えられ、助けられて今日の私がある。そういう意味でも彼らが**"第2の先生"**なんだ」

「でもね、1つ聞きたいの。さっきの話では、まだ彼らもよちよち歩きよね。大成長するのに、何か**きっかけ**ってあったの？」

「きっかけか……」
　その時、トイレに行った同期たちが戻ってきた。

　丸顔幹事が促した。
「皆さん、お待たせしました。では、三島さん、いや三島先生、続き

をどうぞ！」

　大きな拍手が個室内に響いた。

「お話しした通り、私の“第2の先生”は、10年前に部下だった矢尾、鈴本、犬井でした。現在までの彼らの活躍ぶりは皆さんもご承知だと思います。ただ、ファシリテーションを教えただけで、彼らが成長したのではありません。ある出来事が**きっかけ**でした……」

　そこまで話した後、三島は少し苦笑いした。
「10年前の私の上司、当時の担当役員を覚えていますか？」

「ひょっとして**“マムシ”**か？」
　隣に座った浅黒い顔の同期の一言に同期たちがザワついた。

　“マムシ”とは、当時会社を仕切っていた真島専務のことだ。

　豪快で声が大きく、社員たちから恐れられていた社内の大物だ。

　三島は苦笑いしながら“マムシ”の顔を思い返した。
「真島さんとの会議は苦労したなぁ。“第2の先生”がいなければ、心が折れていたかもしれない。それに、彼らの成長は、あれがきっかけだったんだ……」

　同期たちは、三島の次のコトバを待った。
「……じゃ、どうやって私が、いや彼らたちと一緒に“マムシ”と戦い、成長したのか、その話をしましょうか」

第3章のまとめ

本章はじめの問いを覚えていますか？

第3章の問い

ファシリテーションとは何か？

つまり「ファシリテーションとは○○○○である」の○○○
○に入るコトバを探すのが、本章の問いでした。

ファシリテーションの専門書だと、○○○○に入るコトバは
明言されています。実は、実際のファシリテーション研修講
義でこの問いを投げ掛けると、○○○○に入るコトバは千差
万別です。

十人十色、千差万別。それでいいんでしょうか？
私はいいと思っています。
なぜなら、ファシリテーターが直面する現場は、それこそ十
人十色だからです。
ファシリテーション講義の参加者も
・ゴールに導くこと
・合意形成を役目とすること
・時間通りに進行すること
その現場、人員、ファシリテーターの素養で定義が異なりま
す。明確に言語化する、これだけが守られてさえいれば、個
人個人の定義を大切にしてもらえればいいです。

ちなみに、私の定義もご紹介しますね。
私が定義するファシリテーションとは、**"人の力を引き出しな
がら時間内にゴールへ連れていくこと"**です。

まあ、十人十色の一色と思ってください。だって、このコト
バにも私らしさ、私が重要とする要素が溢れているからです。

というのは、私は以下**3つ**が肝要だと信じているからです。

・ファシリテーションの主役は**人**である
・プロとして**時間**の制約義務がある
・**ゴール**に連れていくのがミッションである

読者のあなたの○○○○は何になりましたか？
9ステップを実践して、あなたなりの定義を見つけてみてくだ
さいね。

ファシリテーターの本音

海の見える会議室 vs 雑居ビル会議室

ファシリテーターの本音です。
私には、プロ・ファシリテーターとして、研修や講演、泊まりがけ経営合宿の会議進行依頼が来ます。

そのたび、私は主催者にこうお聞きします。
「どんな会場、会議室ですか?」
そうすると、
「なぜ聞かれるんですか?　場所は重要なのですか?」
と聞き返されます。

ファシリテーションに場所は重要なのか？
そんなお話です。

では早速、私の答えを申し上げますね。
場所、とっても重要です!

なぜなら、ファシリテーターも参加者も**気分**で動く生き物だからです。

発想を膨らませる会議は、天井が高く見晴らしがいい会議室だとアイデアも出やすくなります。
長期的な戦略を決める会議などは、使い慣れたオフィスから飛び出て、遠方で合宿会議を行うと、集中力が高まります。

例えば、私は起業家向けの会議を主催する時、キャンプ場を会場に選定

することがあります。

文字通り、天井を外した環境を用意することで、都会では気付けない発想が生まれるからです。

文中でも紹介した通り、会議最高峰の先進国首脳会議（サミット）が水辺で開催されるのも、警備のしやすさ以外に、気分が和み意見がまとまりやすいからでしょう。

1つ、会場選びの重要性を痛感した経験談をお話ししますね。
ある時、女性起業家向けに、マーケティングのワークショップをする講演機会がありました。
ファシリテーション的には、手慣れたものなので難しくありませんでしたが、当日私に大きな問題がのしかかりました。

講演で重要視したのが、**「女性×マーケティング」**です。
経験上、女性の方が講師の身なりやおしゃれに敏感です。
また、マーケティングで新たな発想を膨らませてもらうため、ワクワク感をお届けすべくコンテンツに磨きをかけました。

そのため、清潔感あるスーツに、ピカピカのイタリアンシューズを新調し、現地会場に赴きました。参加者を惹き付けるためでもありましたし、自らモチベーションを高揚させるためでもあります。

ところが、最高のモチベーションをつくり上げ、会場に到着した途端、奈落の底に陥りました。

主催者に案内されたのはカビた匂いがする古い雑居ビルの1室。
せっかくのシューズを脱いでスリッパに履き替えないといけませんでした。

参加者が到着する前に、鏡に映し出された自分を見て、泣きましたよ。
だって、体にフィットさせた真新しいオーダースーツの足元は、ご自慢のシューズの代わりに不格好なスリッパだったからです。
会場を確認しなかった自分を呪いました……。

ファシリテーターの気分は、参加者にも伝わります。
テンションを100点満点に引き上げスタートするべきですが、この時はマイナスに落ち込んだテンションをゼロに戻すことが大変でした（もちろん、スタート前までテンションを戻し、夕方の終了時には最高のテンションでゴールにお連れできました）。

一方で、疲れを伴う数日間の経営合宿をファシる際は、会場選びから参画することがあります。
ある時、いくつかの候補地から海が一望できる会議室を内覧することができました。参加者の気分も上がり、良き会議になることを直感し、即決。実際、その通りになりました。いや、ファシリテーターの私が何より、上がっていたのでしょう。

ファシリテーションの“幹”は、本章で示した**9ステップ**です。
つまり**“誰と何を論じるか”**が最重要です。

対して、場所選びはあくまで**“枝”**です。
ですが、場所選びは極めて太い枝です。

“どこでやるか”も見逃せない要素なのです。

～課題解決編～

第4章

ファシリテーションの
失敗を恐れるな！

第4章の問い

会議で失敗しそうなことは何か？

本章前半では、主人公が切り替わります。
ファシリテーションを学んだ矢尾たち部下になります。

結論から言うと、彼らは、学んだにもかかわらず会議で失敗してしまいます。

彼らは何を失敗し、なぜ失敗したのでしょうか。
そこで読者の皆さん、こんな問いを持って読み進めてみてください。

会議で失敗しそうなことは何か?

会議での失敗には、例えば時間が長引く、中身が薄い、決まらない、活性化しない、など色々ありますが、本意でない結末は、やはり失敗です。

本章前半での失敗を、後半では取り返していきます。
どうやって失敗をリカバリーしていくか。

自分だったらどうすべきか、の視点で読み進めてみてください。

連戦連勝会議後の懸念

　ランチのピークを過ぎた昼下がり。
　空に重苦しい鉛色(なまりいろ)の雲が広がりつつあるからか、イタリアンレストランのテラス席には、3人の他の客は誰もいなくなっていた。

「しかし矢尾係長。会議運営、連戦連勝っすね。我々設備課の施策がバンバン社内で通るようになったじゃないすか」

「まあ、三島課長に教えてもらった9ステップのおかげだよ。**会議時間は短くなる、内容は濃くなる、バシバシ決まるし、発言も活性化**した。我々のファシリテーション・スキルもちょっとは向上したのかな」

　ぬるくなった食後のコーヒーをすすり、矢尾が犬井にほほ笑んだ。
「犬井は、9ステップの中だと、どれが一番重要だと思う？」

「自分は、鈴本さんが得意な"見える化"っすね。それまで、会議の発言って、花火のように消えて、上書きされちゃうじゃないすか。でも、鈴本さんが分かりやすく書き出し、要約整理してくれるので、自分のような1年目でも超理解が進んだっす」

　鈴本は、恥ずかしそうにお腹(なか)をさすっている。まだ目立っていないが、先日課内でおめでたを発表したばかりだ。

「矢尾さんが、三島課長不在の時も、9ステップで進めてくれているおかげです。課内では完全にファシリテーションが共有言語化されましたね。ありがとうございます。あとは……」

「ん？　あとは……？」

「ホラ、アレっすよ。三島課長に9ステップを教えてもらった日の議題ですよ。ウイルス感染リスクを社内で5割低減するには？　の議題っすよ。最後3案から、その後1案に絞ったじゃないですか」

実は、矢尾の最大の気掛かりが、その件だった。
あの9ステップを最初に教えてもらった大嵐の日。
社内で流行していたウイルス感染リスクを半減させるための会議で、最終案3つが絞り込まれた。

後日、犬井が社内アンケートを取り、設備課が取り組むべき課題としてクローズアップされたのは、古くなった空調設備を新しく入れ替えることだった。

アンケートでは、空調への不満もあるが、マスクをしない傾向にある中、会議室という密室で口角泡を飛ばす議論になった場合、飛沫感染を懸念する声が増大していた。

矢尾が独自に調べたところ、海外の環境先進国は、会議中の空気の質にもこだわり、参加者の吐く息で二酸化炭素濃度が高まると、自動調整し、会議進行を円滑にする設備を整え始めているとのことだった。

そこで、業績好調な今期に「会議運営の円滑化」「ウイルス感染リスクの低減」の2大目的で、10億円の予算を確保し、全社に最新空調設備を導入する施策が、課内会議を経て、部内承認された。矢尾は、そのプロジェクトリーダーを三島から任されていた。

部内承認は通ったものの、10億円規模の決裁には担当役員承認が必須であった。
それが、矢尾の気を重くさせていた。

空になったコーヒーカップをすすり続ける矢尾に、鈴本が話しかけた。「もしかしたら……専務対策、ですね？」

「ん？　あ、ああ……」

「あ、マムシ専務のことですね。プレゼンは三島課長がいますし、大丈夫っすよ」

　鈴本と犬井が隠語で名指ししたのは、管理本部担当役員の真島専務のことだった。社内では、"マムシ"の別称を持ち、一目置かれながらも恐れられた曲者だった。

　矢尾は、三島がプレゼンするので、プレッシャーは感じていなかったが、妙に嫌な予感がしていた。

「お、降ってきたな。そろそろ休憩時間も終わりだ。戻ろうか」

　黒い雲が広がり、降り出した雨が暗示するように、矢尾の悪い予感は、的中することになる。

突然の初登板

　月曜日から矢尾は、忙しかった。
　金曜日に控えるマムシとの会議に向けて、三島からあれこれ指示が来ていたからだ。

　ただ不思議と疲れや緊張は感じていなかった。
　まず、自分たちが積極推進した案件であったし、何よりも当日の会議は、三島による議長プレゼンなので、気が楽だったからである。

　そんな時、三島が矢尾の元に駆け寄ってきた。
　珍しくマスクをつけ、せき込んでいる。
「矢尾、色々手伝ってもらって悪いな。実は、今朝から体調が悪い……。金曜日の会議のため、大事を取って今日は半休取らせてもらうよ。何かあったら、携帯まで連絡くれ」

「お任せください」。矢尾はそう言うと、帰る三島を見送った……。

　週初めでもあり、一通りの仕事を終え、定時で帰ろうとしたその時だった。矢尾の携帯が鳴った。三島からである。
「……もしもし、矢尾か。実は病院に来たんだが、ウイルスに感染した。1週間は外出禁止と言われたよ……」

　矢尾の悪い予感はこれだった。
「……金曜日の会議、真島専務のアポは取り付けているので、あれはキャンセルできん。そこで、矢尾が俺の代わりに、仕切ってくれ。ホントに申し訳ない……」
　かくして、矢尾はピンチヒッターとして役員会議に臨むことになった。

慌ただしくも数日があっという間に過ぎた。

そして金曜の会議当日。

経営会議室に向かう、矢尾たちの緊張は高まっていた。三島の代わりということもあって、鈴本、犬井の帯同を許されていた。

矢尾たちが臨む会議は「金曜会」といって、真島専務が管轄する管理本部、すなわち人事部、総務部、システム部の管理職が一堂に会し、本決裁の前に、一般社員が相談できるカジュアルな会議、というのが元々の名目であった。

ところが、会議室の中では最も格が高い"経営会議室"で行われることや真島が出席する存在感も相まって、"相談会議"ではなく、実質は"本決裁会議"となっていた。

結果的に、相談しながら創造する会議ではなく、新事業や新アイデアの芽を潰す会に成り果てていた。

控室で待っていた矢尾たちを秘書が案内し、会議室に通された。

経営会議室のドアを開けると長方形の会議室に長いテーブルが見えた。

だが、その光景に、矢尾たちは凍りついた。

参加者は12名。だが長いテーブルに、片側6名ずつ腰掛けていたわけではない。

片側に6名、片側に5名。そして入り口から正面のいわゆるお誕生日席に、真島専務が鎮座していた。

金曜会は真島が支配している、それを誇示しているかのようだった。

序盤戦 いきなり始める

　矢尾は、マムシににらまれたカエルのように、脂汗を流していた。
「私、総務部設備課で係長をしている矢尾と申します。三島課長が病欠のため、代理として私がご説明させていただきます」

　静まり返った会議室にカチカチと音がなっている。
　その音の正体は、真島がボールペンの芯を出したり、引っ込めたりするものだった。

　静寂の中に刻まれる音に気押されながら、矢尾が続ける。
「本日の議題は、"社内全議室の空調入れ替えについて"です。本件は、既に部内会議にて承認、10億円の経費が見込まれるため、管理本部案件として本会議にてご相談するものでございます」

　その後、
・空調入れ替え案に至ったウイルス感染リスクなどの経緯
・会議中の空気の「質」にこだわる先進国事例
・経費としておおむね10億円がかかること
を説明した。その先を続けようとした、その時だった。

　矢尾のコトバに横やりを入れるように、真島が声を荒らげた。
「説明が長いが、まず三島君はどうした！」

　うろたえながらの矢尾の説明に、真島の激高が高まった。
「なんだ、はやりのウイルスにやられたのか！　会社を守る立場として、体調管理がなっとらんじゃないか。なあ、みんな？」

　真島に同調するように、その他の出席者からも失笑が漏れた。

「す、すみません。ワタクシ矢尾がしっかりご説明しますので、ど、どうぞよろしくお願いします」

　会議室の隅でオブザーバーとして参加している鈴本が、口パクしながらしきりにサインを送っている。目をこらすと**"ゴール"**と言ってるようだが、矢尾はもはやそれどころではなかった。

　事前シナリオでは、序盤は10分間を想定していた。振動モードに切り替えた左手のスマートウォッチが、10分経過を知らせているが、アラームを止めて、そのまま話し続けた。

　パニックとなった真っ白な頭で、矢尾は空白を潰すがために話し続けていた。

中盤戦／声が大きい人に影響される

　矢尾は緊張すると早口が止まらなくなる。

　止めどない説明に、真島がしびれを切らした。
「おい、いつまで話し続けるつもりだ！　お前のワンマンステージなのか、ここは！」

　矢尾の顔は、脂汗でびっしょりだった。
「す、すみません！……で、では、真島専務……。ここまでお聞きになっていかがでしょうか？」

「聞くって、何を聞くんだ？」
　真島は明らかにイラついており、声が凄（すご）みを増した。

「は、はい！　この場は、真島専務に相談できる会議と聞いております。その意味で、我々の案を推進することに、賛成していただけたか、反対でしょうか？」

「私から先に意見を言っていいんだな」
　カチカチを続けていた真島が、その音を止め、他の参加者の顔をゆっくり見回した。

「では、言おう。この案に反対だ。第一、ウイルス感染リスク低減のためのプロジェクト推進者の三島君がウイルスに感染しているんじゃ、説得力がないってもんだ。おい、君らはどうだ？　賛成か、反対か？　順番に意見を言いたまえ」

　左側に座っていた管理職から、時計回りに意見が伝えられた。1人を

除き、全員が真島と同じく反対だった。

　唯一反対しなかったのは、三島や矢尾の上司にあたる総務部長だった。

　総務部長は、矢尾と同じく脂汗をかきながら、意見をしてくれた。
・総務部としては社員の安全確保のために賛成していること
・本議題と三島の欠席は無関係であること

　ただ、説明中に大きく速まる真島のボールペンの音に比べ、総務部長が蚊の鳴くような声だったがために、インパクトを残せなかった。

　裁決したわけではなかったが、実質反対票が上回っていた。そして、何よりも真島が支配する空気感が分厚い壁として立ちはだかって、矢尾たちの案を断固拒絶していた。

　1時間ある会議は、残すところ10分だった。

終盤戦 首の皮一枚でつながる

　矢尾の左手が再び振動した。
　残り10分の知らせだ。

　ただ、残り10分をも必要としないまま、真島によって、幕が引き下ろされようとしていた。
「では、本件は以上をもって、反対多数。決裁会議にかけるまでもなし。そう結論付ける。いいな？」
　真島が、迫力ある声で締めに入った。

「す、すみません……。お時間取らせてしまって申し訳ありませんでした……」
　勝負に臨むべく会議に挑んだが、あえなく敗れ、憔悴し切った矢尾が頭を下げた。

　その瞬間だった。
「あ、専務、1つだけよろしいでしょうか？」

　参加者全員が、最後尾の壁際に座っていた鈴本を振り返った。
「大きなお腹で失礼します。設備課の鈴本と申します。今、三島課長から連絡が入りましたので、お伝えさせていただきます」

　そう言って、鈴本はスマホを見ながら、三島の連絡を読んだ。会議中に、やり取りをしていたようだ。

「読みます。"真島専務、そして管理本部のマネジャーの皆さん、このたびは本当に申し訳ありません。軽度ですがウイルス感染だったため、医者から週明けまで出社を止められました。本日の議題は、矢尾に議長

代理をお願いしたものの、わたくし三島の口から説明したいことがあり、来週の金曜会にもう一度だけ説明機会をいただけませんでしょうか。どうかお願いします"。以上になります」

　真島が首を横に振っているが、若干迷っているようだった。

　唯一、賛成票を投じた総務部長が懇願した。
「真島専務、私からも来週の金曜会、もう一度だけお願いできませんでしょうか？　三島君は、医者の言いつけで参加できなかったのです。医者の許可が出て、意見具申したいとの本人意向を総務部としては、認めるべきと思うのです。それでも、反対であれば、本件は消失で結構ですから、お願いします」

　先ほどの蚊の鳴くような声ではなく、今度は叫ぶような声だったためか、会議室の空気を震わせるように迫るものがあった。
「分かった。総務部長がそこまで言うなら、来週金曜日に最後のチャンスを与えよう。ただし、"反対"が1票でも"賛成"を上回れば、その場で否決する。それでいいな？」

　こうして、矢尾たちの案は首の皮一枚でつながった。

　その日の深夜……。「蛍の光」が流れ、ラストオーダーが終わった居酒屋「ことぶき」には、矢尾たち3人以外は数名の客が残るだけだった。

　酔いが回ってきたのか、矢尾の目には涙が溢れていた。
「ホントにすまん。9ステップを分かっていながら、使いこなせなかった。それに、謝ってばかりで、情けないよ」

ついにガマンしていた矢尾の涙がこぼれ落ちた。
　まばらな客は誰も気に留めない。
「いや、しかし、会議って参加する人によって、空気が変わりますね。真島専務って、あんなに迫力ある人だったんすね」

「確かに、他の部課長も"右へならえ"って感じだったものね」
　鈴本は、妊娠期のためウーロン茶を飲んでいる。

「最後の鈴本さん、ファインプレーだったっすね！　あれがなければ、この案件終わりだったからなぁ」

　涙を拭き上げた矢尾が、声にならない声を絞り出した。
「鈴本さん、ありがとう。あれ、三島さんとやり取りしていたの？」

「はい、三島課長も心配だったみたいで、実は後ろで音声録音して、三島課長にライブ中継していたんです。そしたら最後にLINEが入って、何とか来週のチャンスをつかみとるようにとの指示がありました」

「ホント、良かったっす！　矢尾さん、明日からの土日はゆっくり休んで、月曜日に三島課長が復帰してから、対策会議しませんか？　まだ数日ありますよ！」

　こうして、激動の1週間が終わった。
　矢尾の会議は失敗に終わったが、鈴本のファインプレーで延長戦のチャンスがつながった。

　その後、四谷を入れた対策会議によって、大きく流れが変わることになるとは、この時は誰も想像していなかった。

捲土重来に向けて

「さすがのお前もウイルスには勝てなかったか。妻と犬は買い物に行ってる。さ、入れよ」

　日曜日の午後。
　三島は四谷の自宅を訪ねた。

「鳥の声にさえぎられないように、今日はリビングでやろう。さ、例の"音"を聞かせてもらおうか」
　前回訪れた時は、四谷の庭でレクチャーを受けたが、今回はリビングルームに通された。三島が持ってきた"ある音"を聞いてもらうためだ。

「四谷、休みのところ、感謝してるぜ。これが、全会議を録音した"音"だ。俺の代わりに矢尾が頑張ってくれたが、マムシにヤラれてしまった。その一部始終を部下が録音してくれた。聞いてみてくれ」

　スマホで会議音声を流している間、四谷はコーヒーを飲みながら目を閉じ、耳を澄ませていた。一通り聞き終わると、ゆっくり目を開けた。

「……。三島の部下たちも頑張ったが、まだまだだな。推進案は、設備課としては悪くない。"捲土重来※6"の覚悟はあるか?」

　三島は身震いした。大学野球で強豪に敗れるたびに、四谷と握りあったコトバだ。そのたびごとに、鍛え直し、作戦を練り直し、リベンジを果たしてきた。
「四谷、あの時みたいだな。全力で取り返す。力を貸してくれ」

※6　一度失敗した者が、再び勢いを盛り返して巻き返すことの例え

三島のコトバを聞いて、四谷はホワイトボードを持ち出し、手早く要点をまとめ出した。

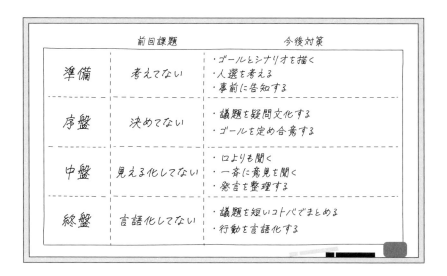

	前回課題	今後対策
準備	考えてない	・ゴールとシナリオを描く ・人選を考える ・事前に告知する
序盤	決めてない	・議題を疑問文化する ・ゴールを定め合意する
中盤	見える化してない	・口よりも聞く ・一斉に意見を聞く ・発言を整理する
終盤	言語化してない	・議題を短いコトバでまとめる ・行動を言語化する

「これが、"前回の課題"に対する"今後の対策"だ。4つの段階に分けて、対策を講じよう」
　既に、捲土重来の狼煙が上がっていた。

頭がちぎれるほど考える

「まずは、準備段階だ。ここは、三島も含め、矢尾君も"**考えてない**"。これが課題だ」

準備	考えてない	・ゴールとシナリオを描く ・人選を考える ・事前に告知する

「"考えてない"とは、失礼だな。俺だって、矢尾だって、ちゃんと考えてたぞ」
「まあ、聞け。今回の"**ゴールとシナリオ**"を頭がちぎれるくらい考えたのか？」

「……、マムシからイエスを引き出すことがゴールだ」

「甘いな。会議参加者は実質12名だが、マムシ以外は、長いものに巻かれるのが特徴だろ？　あとはマムシを押さえればいい。マムシの性格は、知っているか？」

「曲者だよな……」

「そんなコトバで片付けるな、もっと分析しろ。俺から見て、マムシはなかなか有能だぞ。粗野に見えて慎重だ。合理的でない経費を嫌がる。理屈が通ってないと納得しない。曲者というか、管理本部の長としては、最適の人物だな」

　三島は四谷の分析に舌を巻いた。
　マムシの悪い面しか見ないために、側面を知ることがなかったからで

ある。

「マムシの性格上、奴の権限上限の10億円を全く前例のない新案でも
ぎ取るのは難しい。俺なら、10億円、5億円など選択肢を掲げ、一番小
さいのを選ばせ、スモールスタートさせる」

「なるほど！」

「そのためのシナリオは、**"ロジックとエビデンス"**、つまり**"論理と証
拠"**だ。確か、部下たちが社内アンケートを取ったよな。それを証拠に
論理を組み立てればいい」

　三島は、会議室の空調について不安を感じる社員の声を集めた犬井の
アンケートを思い出した。

「次に人選だ。今回の参加者は、管理本部に限定される。だが、もし三
島たちの案件が決まれば、購買課の俺のところに来る話だ。"購買課に
も参加してもらいます"、そう言って、俺に会議招集をかけろ」
　四谷の購買課は管理本部ではなく、資材本部に属していた。

「そんなこと、していいのか？」

「ファシリテーターたる議長は、会議人選の権限を持ってしかるべきだ。
ただ、問題はだ。金曜会はマムシの管轄だ。ここはきちんとネゴをして
おくべきだろう」

「分かった。最後の"事前に告知する"、は何だ？」

「会議は、ある程度の予備知識や宿題を与えておくと、時間が短縮でき
る。事前に何を伝えるべきか、検討してみてくれ」

「本当に勝ちたかったら、プレーボールの前に死ぬほど考えろ、って四谷に言われたことを思い出したよ」

　三島は、四谷が言っていた**"考えてない"**の意味がよく分かった。

ゴールを決めずに走り出してはいけない

「次は、序盤段階。**"決めてない"**。ここが課題だ」

序盤	決めてない	・議題を疑問文化する ・ゴールを定め合意する

「矢尾君が掲げた議題は、**"全社会議室の空調入れ替えについて"**だ。この議題の悪いところが分かるか？」

「**"〜について"**で始まってしまって、疑問文ではないところだ。せっかく教えてもらったのに、スマン」

「それもそうだが、議題が大き過ぎるんだ。答えが出ない議題の多くは議題が大きく、抽象的なことだ。60分の会議から逆算して、議題を**ダウンサイジング**することが大事なんだ」

「ダウンサイジング？」

「そう、ダウンサイジング。つまり議題を小さく具体的にすることだ。例えば、こんな議題はどうだ？」

四谷は、旧案と新案を並列した議題をホワイトボードに書いた。

［旧案］全社会議室の空調入れ替えについて

↓

［新案］アンケート最多のウイルス感染リスク対策を
どれくらいで予算化すべきか？

「並べると旧案は、漠然としているだろう？　新案には、これまでの検討経緯を含み入れている」

「検討経緯？」

「そうだ。空調入れ替えは社員アンケートでの最多意見だったよな？これを**エビデンス**にする。ここでポイントなのは、空調入れ替えと言わないことだ。社員アンケート最多結果であれば、管理本部長として、無視しにくい。その中身がたまたま"空調入れ替え"であっただけだ」

（なるほど）と三島は膝を叩いた。

「そして、空調入れ替えの施策は既に総務部長によって承認されている。つまり、マムシに相談するのは、**"施策の可否"**ではなく**"予算をいくらつけるべきか"**ということだ。前回の会議では、施策の可否を議題にしてしまっているが、それは済んだ議論だ。総務部長はちゃぶ台返しをくらって、恥をかいたことになったな」

またも、（なるほど）と思ったが、総務部長の顔を思い浮かべると、申し訳なく今度は膝を叩けなかった。

「もう一度言うが、この会議でマムシたちから引き出したい答えは、**"施策の可否"**ではなく**"予算をいくらつけるべきか"**だ。だから、最初にこのゴールを伝え、合意を得る。その宣言なしに、会議で走り始めてはいけない」

声の大きな発言に流されない

「中盤の課題は、一言で言うと**"見える化してない"**ことだ」

中盤	見える化してない	・口よりも聞く ・一斉に意見を聞く ・発言を整理する

「まず、矢尾君は、緊張のあまり一方的に話し過ぎだ。少し話したら、"口"よりも"耳"を使って、発言を引き出すべし」

「四谷、それも分かるが、録音を聞いて問題を見つけた。それは、マムシのような、いわゆる**"声の大きな発言"**だ。影響力ある発言を先に聞き出すと、他が右へならえ、してしまわないか」

「いいところに気付いたな。では、どうすればいいと思う？」

「分かった！　マムシのような声の大きい影響力ある人の発言は、最後に聞く。これはどうか？」

「それも悪くないが、最初に言うか、最後に言うかの違いで、大きな声に引っ張られてしまうことには変わりない。であれば、だ。何度も言うが**"見える化"**だ。**一斉に発言**して、その意見が相対的に大多数の意見なのか、少数意見なのかを明確にする方法がある」

「一斉発言？　明確化？」

「例えば手法として、付箋紙や挙手で一斉に意思表示してもらう方法だ。オンラインだと、チャットを使って、同時一斉発言してもらう手がある。

声の大きな発言に引っ張られることなく、右へならえ、を回避できる」

「なるほど、そうして"発言を整理する"んだな？」

「その通りだ。全体発言を"見える化"し、そこを深掘りしていくのだ」

最後の締めは譲ってはいけない

「最後の課題は、**"言語化してない"**ことだ」

三島は、録音を聞き返してみると、矢尾がマムシに押され、会議の幕引きを余儀なくされていたことを思い出した。

幸いにも、鈴木のファインプレーで次につながったが、それがなければ、ジ・エンドであった。

「**"言語化"**というのは、ファシリテーターが主体的に結論をまとめることをいうのか？」

「その通りだ。本来は、会議の結論を行動化すべく、タスクの洗い出しをすべきだが、あの時は難しかっただろう。ただ、矢尾君はマムシの迫力に押され、ギブアップしたが、何とか宿題をもらうなど、次につなげるべきだった。絶対に**"場を締める"**立場は明け渡してはいけないのだ」

「確かに前回の会議は、マムシがファシリテーターである矢尾をステージから引きずり降ろした格好だったよな。さすがに、アレはなかった」

「三島、今度のステージに上がるのはお前だ。マムシになんか、引きずり降ろされるなよ」

三島は**"捲土重来"**のコトバを何度もつぶやいた。

決戦は金曜日

　金曜会まであと1時間。

　三島は、矢尾、鈴本、犬井の顔を見回した。

「矢尾、準備は大丈夫だな？」

「はい、事前に参加者へ告知をしましたし、真島専務の了解を取り付け、購買課から四谷課長に出席してもらいます。もちろんアレも事前送付しています」

　三島の言いつけで、矢尾は会議2日前にある通知をしていた。

　会議は、三島がファシリテーター、矢尾と鈴本がアシスタントとして参加することになった。

　三島は月曜日の出社以降、四谷の教えをチームで共有し、犬井も入れて全員で対策を練り上げた。その教えはチーム全体に浸透している。

　会議を1時間後に控え、矢尾から驚くべき提案があった。

「三島課長、今回のファシリ、私にもう一度やらせていただけませんでしょうか？」

　三島は目を丸くした。

　矢尾は、先週の失敗で意気消沈していると思っていたからだ。

「やっぱり、場を仕切れなかったのが悔しいんです。ただ、今日まで全員で対策を考えてきたじゃないですか。あれは自分だったら、どう落とし込もうかとずっと考えてたんです。この通りです！」

　矢尾は、そう言って「ゴツン」とデスクに頭をこすりつけた。

三島はしばし考えていたが、決断した。
「よし。では、冒頭挨拶だけ私が行い、その後は矢尾に任せる。本当に大丈夫だな？」

　三島を見返す矢尾の目には、決意が溢れていた。
「1つだけ聞く。今回の会議のゴールは何だ？」

「はい、その点だけはブラさないように気を付けます。今回のゴールは、予算を決めることです。願わくば、我々設備課が推す案で決着することを想定しています」

「だがな、矢尾。我々の推奨案ありきで進めると、"意見誘導"となりファシリテーターの中立性がなくなるぞ。ここはどうする？」

「はい、中立性もある程度守りつつ、参加者の発言を整理することを優先したいと思います。が、ファシリテーターとしての"意思"がないと、それこそ流されてしまうような気がしまして。だからこそ、私案は腹に隠して臨みます」

　三島は、このやり取りだけでも矢尾の成長と決意を感じた。

「よし、会議10分前だ。いよいよ始まるぞ」
　三島はそう言って、両頬をパンパンと叩いた。

　矢尾も鈴本も、ほぼ同じ動作をまねた。

(再)序盤戦 いきなり始めない

　先週、矢尾たちは最後に会議室に登場したが、今度は三島たちが先に会議室入りし、真島専務以下参加者たちを待ち受ける格好となった。開始時間直前に、四谷が入室、三島を一瞥し、軽く顎を引いた。大学野球時代、マウンドに登板する前のいつもの合図だった。

　左腕の時計から、10時ちょうどの時報がかすかに鳴る。
　三島には、審判の「プレーボール！」の掛け声のように聞こえた。

　軽く息を吸って、四谷を入れた参加者13名を見渡した。
　長方形テーブルで相対する真島は、お手並み拝見とばかりに、三島を見据えている。

「では10時ちょうどになりますので、会議を始めます。私事ではありますが、先週は病欠で会議ファシリテーションができなかったこと、この場を借りてお詫び申し上げます。ならびに、同一案件で再びお時間をいただけたこと、感謝申し上げます」

　その後に三島は大げさにせき込み、マスクをつけた。
「おわびついでですが、実はまだ喉の調子が良くありません。そこで、会議進行は先週に引き続き矢尾が担わせていただきます。医者からお墨付きをもらったとはいえ、飛沫感染がないとも限らないので（ゲホゲホ）。真島専務、よろしいでしょうか……？」

　三島のせき込みに、真島が露骨に嫌な顔をしたが、逆にそれが無言の承認と受け止められた。

　三島に促されて、矢尾が議長席に座った。

「真島専務、皆様、矢尾でございます。先週は仕切りが悪く大変すみませんでした。本日は論点を明確にして臨みたいと思いますので、よろしくお願いします」

矢尾が大きく深呼吸する音が静寂の会議室に聞こえた。
「本日の会議ゴールはこの通りです」
事前に鈴本が、ホワイトボードに書き出したのが、矢尾が事前に送付したアレだった。

金曜会ご参加者各位
お疲れさまです。今週の金曜会の内容をお知らせします
・議題：アンケート最多のウイルス感染リスク対策をどれくらいで
　　　　予算化すべきか？
・ゴール：予算化規模の決定
・参加者：真島専務、管理本部管理職、購買課四谷課長、三島他
・時間：10時～11時の1時間

「議題は"アンケート最多のウイルス感染リスク対策をどれくらいで予算化すべきか？"になります。これは、人事部承認案件なので、前週のように可否をたずねるものではありません。本部長である真島専務がご出席いただいている会議につき、予算規模をお諮（はか）りするものです」

真島の眉がピクっと動いた。
「先週は、施策可否を裁決するような議題だったが、今回は違うのか？」

「は、はい、専務。先週はすみませんでした。当課が用意した議題が曖

昧だったために誤解を生じさせてしまったようです。本件は、社員アンケートで最多だったことから、総務部長には既に承認いただいている施策です。ところが、予算化規模については、担当役員の真島専務なしでは、決められないため、この場に持ち込んだ次第です。そこで……」

　少々間をおいて、ホワイトボードを指差した。
「本日のゴールは、**"予算規模をいくらにするか"** を決めることです。会議時間の60分を使って、そのゴールに到達することを目指したいと思います。そのために、資材本部購買課の四谷課長にもご参加いただいております」

　末席に座り、軽く会釈をしている四谷に参加者全員の目が注がれた。
「以上でよろしければ、会議を開始しますが、よろしいでしょうか」

　矢尾は、たっぷり5秒間をかけて、参加者を見渡した。
　真島がせき払いしただけで、周囲は沈黙のYESを返した。

「では、本題に入ります」
　全員から合意を得た上で、矢尾は会議をスタートさせた。

声が大きい人に影響されるな

「こちらに社員へのアンケート結果をまとめています。圧倒的な第1位が、会議室の空調設備の改善です。具体的には、古くなったエアコンの音量のうるささ、冷暖房の効き具合の甘さ、そして、密室で会議をすることでの飛沫感染の恐怖、社員にとってこれらが切実な問題であることが見て取れます」

矢尾は、参加者の目線を惹き付けるためプロジェクターが投影するスクリーンの横に立って、説明を始めた。

「本件はウイルス感染リスク対策としても、社員の圧倒的要望としても看過できないものであり、対策しなければならないものとして、予算化すべきと認識しました。では、いくら予算化すべきものなのか？ こちらをご覧ください」

［予算化モデル案］

・A：1億円：一部会議室のみに「非ウイルス対策空調」を設置
・B：3億円：すべての会議室に「非ウイルス対策空調」を設置
・C：5億円：一部会議室のみに「最新ウイルス対策空調」を設置
・D：10億円：すべての会議室に「最新ウイルス対策空調」を設置

「選択肢は、全部で4つあります。論点となるのが、非ウイルス対策空調のA・Bか、最新ウイルス対策空調のC・Dか。非ウイルス対策空調は、

いわゆる普通のエアコンです。対する最新ウイルス対策空調は、微細な細菌を除去し、会議室内の二酸化炭素レベルを検知するなど、会議進行を円滑にする効果が見込めます」

　矢尾は、四谷アドバイスに基づき、選択肢を提示した。
　前回の会議では、冒頭に真島から三島不在の茶々が入り、会議のペースを握られてしまったが、細かい論点による選択肢を掲げ、それをスクリーンに**"見える化"**したことで、参加者の集中力を高め、場の空気を支配することに成功していた。

　ここで参加者から質問が入った。
「で、設備課さんの"推し"はどれなの？」

「はい、設備課の"推し"はD案、つまり**"すべての会議室に最新ウイルス対策空調を設置"**になります。理由は、3つあります。1つは、全社アンケートの圧倒的要望があるため、対象会議室は一部ではなくすべてであるべきと考えること。2つ目は、非ウイルス空調では、室温や音量の改善は見込めますが、ウイルス感染リスクを低減する本質的問題解決につながらないため、です。そして、3つ目はコスト投資時期が最適だからです。今期は業績を大幅に上方修正し、好調です。業績悪化時期はコスト引き締め、業績好調時期は投資のタイミングかと判断したからであります」

　矢尾が3つの理由を即答できたのは、**"3という数字でまとめろ"**という四谷の教えを反映したからだった。

　会議室前方のスクリーンと聴衆の両方に目を配っていた矢尾は、ここで会議室の"場"の変化に気付いた。
　当初は腕組みしていた参加者たちが、前のめり姿勢になっていたからだ。うなずく者やメモを取る仕草も増えていった。

手応えは十分だった。

ここぞ、というタイミングで、矢尾は提案した。

「ここでお願いがあります。設備課はD案ですが、皆さんはどの案が"推し"でしょうか？　お手元にある付箋紙にABCDのいずれか、お書きください。これは真島専務がご判断される際の材料を集めるためです。真島専務、よろしいでしょうか」

矢尾の丁重な物言いに、真島が無言でせき払いした。

実質、OKの合図だ。

真島専務以外の12名が付箋紙に案を書き出し、鈴本が回収、ホワイトボードに集計結果を書き出した。

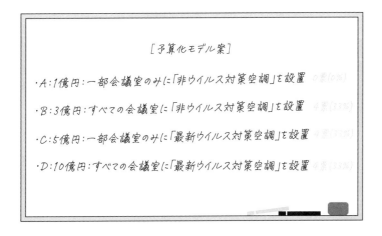

［予算化モデル案］

・A：1億円：一部会議室のみに「非ウイルス対策空調」を設置　0票(0%)

・B：3億円：すべての会議室に「非ウイルス対策空調」を設置　4票(33%)

・C：5億円：一部会議室のみに「最新ウイルス対策空調」を設置　4票(33%)

・D：10億円：すべての会議室に「最新ウイルス対策空調」を設置　4票(33%)

「こちらを見ると、A案はなしということでしょうか。ではB案を推した4名の方、お選びになった理由を聞かせてください」

矢尾は最初に"見える化"した上で、**"耳"**を使って、それぞれの立場の発言を"聞き出して"いった。前回は、声の大きい最初の発言に引っ張られてしまったが、参加者が一斉に意思表明し、その後に深掘りしていく

と、忖度しない本音発言が引き出せた。

　設備課の"推し"であるD案は、4票で全体の33%。支持されてないわけではないが、その他2案と同等で、微妙なポジションだった。

　三島は、壁際のオブザーバー席で、矢尾のファシリに感心しながら、真島の動向をうかがっていた。
（マムシだったら何を選ぶだろう？　投資額の少ない順にB→C→Dが順当だろうな。どうすればD案を推せるか）

　ここで矢尾が、恐る恐る四谷に意見を聞いた。
　"恐る恐る"とは、四谷は社内一のキレ者と知られ、三島とは懇意だが、矢尾にとっては初対面だったからだ。
「よ、四谷購買課長におたずねします。購買課としては、どの案、いやどの金額が最適と思われるでしょうか？」

　四谷は三島が相談したこともあって、味方というか身内の認識でいたが、次のコトバでその概念が覆された。
「購買課としては、この情報だけでは全く判断できません。常に**"安くていいもの"**を購入する立場として強いて言えば、**"安い"**B案でしょうな。設備課さんのD案は**"安くない"**ですからね」

　会議室の空気が一気に四谷の一言で変わった。
　会議前、決意に溢れていた矢尾の目は涙目になっている。

（四谷、お前は味方じゃなかったのか？）
　三島は、恨みに溢れた眼差しで四谷を見つめたが、本人は涼しい顔をしている。
　その時、真島が大きなせき払いをした。いよいよ結論を言う段階だ。
（終わったな）

三島がうなだれた瞬間、四谷の快活な声が会議室に響いた。
「矢尾さん、ちょっとホワイトボードを借りていいか？」

　四谷は、ホワイトボードをキレイに消し込み、矢尾の方を振り向いた。
「購買課として意見をするには、情報が少な過ぎる。もうちょっと教えてもらっていいですか？」

　矢尾は、鳩が豆鉄砲を食らったような目をしてうなずいている。

「案を絞り込む上で、設備課さんが、重要視する選択要素を教えてください。何がありますか？」

　矢尾は、しばし天井を仰いだ。
「そうですね、**“コスト”**、**“ウイルス低減”**、**“空調快適性”**、**“会議運営改善”**の4つでしょうか」

　矢尾の情報を四谷はホワイトボードに書き出した。
「ということは、こんな感じかな？**“3つの選択肢”**と**“4つの選択要素”**をマトリクスにしてみると……」

	コスト	ウイルス低減	空調快適性	会議運営改善
・B案（3億円）すべての会議室に「非ウイルス対策空調」				
・C案（5億円）一部会議室のみに「最新ウイルス対策空調」				
・D案（10億円）すべての会議室に「最新ウイルス対策空調」				

そのマトリクスは、いわゆる表頭表則（縦のマスの項目、横のマスの項目）が書かれ、中身が空白だった。
「矢尾さん、選択肢がそれぞれ交差する中身について、○△×で評価してみては？」

　矢尾は、四谷の**"見える化"**に感謝しつつも、自分で書き入れる自信がなかったので、参加者に助けを求めた。
「皆さん、ホントすみません。私では評価できませんので、それぞれご意見いただけませんでしょうか？」

　会議主催者として、あまりに気弱な発言に、場が和んだ。
　その効果もあって、それぞれ参加者から意見が飛び交った。
「設備課さんが"推し"のD案は、コスト的には×だけど、ウイルス低減では○、いや◎じゃないか？」

「最も投資額が少ないB案は、コスト的には○だけど、ウイルス低減では、×かもな」

「C案、D案のウイルス対策空調は、空気を改善して会議運営の質を改善するらしいが、まだ効果は不透明なら、両方とも△じゃないの？」

　矢尾は、今更ながら**"見える化"**の効果を実感した。
　先週の会議では、腕組みしながら眉間にシワを寄せていた管理職たちが、ホワイトボードを見ながら、どんどん発言していったからだ。

　セルすべてが埋まったマトリクスが出来上がった。

	コスト	ウイルス低減	空調快適性	会議運営改善
・B案（3億円）すべての会議室に「非ウイルス対策空調」	○	×	○	×
・C案（5億円）一部会議室のみに「最新ウイルス対策空調」	△	○	○	△
・D案（10億円）すべての会議室に「最新ウイルス対策空調」	×	◎	○	△

　四谷はいつの間にかホワイトボードを離れ、自席から矢尾に投げ掛けた。
「矢尾さん、差し出がましいことをしましたが、こうして整理してみるとどうですか？」

「は、はい！　四谷課長ありがとうございます。とても整理できました。……ただ、これをどうやって収束するのか……」

「議長、しっかりしろ」とある者が声を上げ、無言を貫く真島以外の参加者たちが笑った。

　笑いがおさまるのを待って、四谷が口を開いた。
「では、最後にアドバイス。設備課さんは、4つの選択要素はどの順で重要なの？」

　矢尾は数秒天井を仰いだが、ほぼ即答した。
「我々は社員からのアンケートの声を何度も分析し、設備課としては、**"ウイルス低減"**➡**"空調快適性"**➡**"コスト"**➡**"会議運営改善"**が優先順

位になります。特に初めの2つの"ウイルス低減"→"空調快適性"は、喫緊の課題として最重要視しています」

「ではさ、上段の選択要素を左から重要な順で並び替えてみてはどうだろう？」
　会議参加者の目は、四谷と矢尾を行ったり来たりしている。

「左から"ウイルス低減"→"空調快適性"→"コスト"→"会議運営改善"に並べ替え、書き直してみました」

	ウイルス低減 →	空調快適性 →	コスト →	会議運営改善
・B案(3億円) すべての会議室に 「非ウイルス対策空調」	✕	○	○	✕
・C案(5億円) 一部会議室のみに 「最新ウイルス対策空調」	○	○	△	△
・D案(10億円) すべての会議室に 「最新ウイルス対策空調」	◎	○	✕	△

　矢尾が書き直したホワイトボードを参加者全員が長い間見ていた。実際はわずか数十秒だが、三島や矢尾にとっては随分長い時間に感じた。

「購買課がまず確認するのは、"その購買が会社にとって真に必要か"です。もちろん、価格などは業者を競わせ、相見積もりしてもらいますが、それは次の作業です。その意味で、このマトリクスを見る限り……」

　四谷の発言に参加者一同が注目した。
「このマトリクスを見る限り、社員アンケートなどから"ウイルス低減"

は最優先課題と言えるでしょう。であれば、◎がついているＤ案が選択
肢としては、最適な解決策ですね」

　参加者の数人が、ホワイトボードを見ながらうなずいている。
　会議室の空気は、かすかにＤ案導入に傾いていたものの、無言で鎮座
する真島の存在感が、文鎮のような重さで空気を支配していた。

「真島専務……」
　そう言って、四谷は、真島の方に顔を向けた。

「真島専務……」

四谷の呼び掛けに、真島がゆっくり反応した。

「真島専務、ここまでご覧になってどうですか？」

真島が軽くせき込んだ。真島特有の発言前の癖だ。

「決裁をする管理本部長として、気になるのはコストだ。いくら社員の声だといって、10億円のコストをかける効果はあるのか？」

D案に傾きかけた流れが一瞬にして、土俵中央に戻された。

参加者全員が矢尾に視線を戻したが、矢尾は汗顔のまま硬直している。

ここで、オブザーバー席の三島が議長席についた。

あたかも好投した先発ピッチャーの後を救うリリーフエースのように。

「真島専務、例えばですが、我々の平均労働時間が月200時間として年間2,400時間。ここにいる12名の管理職の平均年収を1,200万円だとすると、時給は5,000円です。つまり、12人が1時間会議するだけで6万円を費やす計算です」

（ロジック＆エビデンス）

三島は、胸の中で何度もつぶやいた。

「ご参加者の皆さんは、管理職ですが、1週間のどれくらいを会議に費やしてますか？　3割？　5割？　それとも7割？」

挙手を促した三島自身が驚いたが、7割が最も多かった。

「なるほど。管理職になれば、仕事の大部分は会議に費やされるわけで

すね。ウイルス対応の最新空調を導入し、空気の質を改善して効率を上げる。会議時間を半分にして、創造的な仕事へ振り分ければ、生産効率が上がりませんか？　会議自体を快適にする環境づくりは、もはや設備投資と考えます」

「ふん、とはいえ10億円は高過ぎるぞ」
　真島の独断で、「却下」の声が聞こえそうなその瞬間だった。
　味方であるはずの四谷から信じられない発言が聞こえた。
「購買課も真島専務に同意です。高過ぎます」

　三島は最後にきて、裏切りとも言える四谷の発言に失望した。（お前は味方じゃなかったのか……）
　胸の内でつぶやきながら、四谷の勝ち誇った顔を眺めていた。

「購買課としてもD案は賛同できますが、投資額がネックです。設備課さんの見積もりは、甘過ぎやしませんかね。業者を競わせる、数量交渉や単価交渉を積み重ねて1億円削減できませんか？　万が一に1億円削減し、9億円で交渉成立できたら、考えてもいいのでは？　真島専務？」

　これにはさすがの真島もうなずくしかなかった。
　四谷は裏切っていたのではなく、パスを出してくれていたのだった。

　三島は安堵しながら、議長席から離れ、矢尾の肩を叩いた。
　議長席に戻った矢尾が、60分の会議の結論をまとめた。

「では、本件はD案の方向でよろしいですか？　正式なご承認は、10億円の見積もりコストを1億円削減し、9億円になり次第、正式稟申する、との結論でいかがでしょうか」

　60分の会議は、矢尾の締めのコトバで終了した。

会議室を出る四谷は、退出の利那に野球帽のつばを触るしぐさで三島にほほ笑んだ。四谷は最初から味方で、会議のペースを握るために演じていたことが、よく分かった。

「10年前に当時最新のウイルス対策空調が導入され、感染リスク問題が解決されたのには、そんなドラマがあったんだ！」

焼肉居酒屋に集まった同期は、初めて知った事実に驚いていた。

「大変だったよ。ただ、購買課の助けもあって、大量発注のディスカウント、複数業者の選定による相見積もり交渉が成功したんだ。そのかいもあって、1億円以上のディスカウントが実現し、全社にウイルス対応の最新空調システムが導入できたんだよ」

車座になった同期から、歓声と拍手が巻き起こった。

だが、酒に飲まれた1人の同期が絡みついてきた。

「おい三島！　でもあれだろ？　お前んとこの部下が優秀だったんだろ？　矢尾、鈴本、犬井？　みんな優秀だからじゃねえか？」

三島は、はにかんだ表情で答えた。

「その通りだ。俺は無能だったかもしれないが、彼らには本当に助けられた。確かに優秀だ」

「だからよぉ、そのファシリなんとかスキルっちゅうんじゃなくて、お前の部下たちが初めから強い人間だった。そんだけの話だよな？」

ここで三島は珍しく声を荒らげた。

「それは違う！　彼らは初めから強かったわけじゃない！　いやむしろ、最初は弱かったんだ……。ファシリテーションという武器を身に付け、少しずつ、本当に少しずつ強くなっていったんだ」

そう言って、三島は、彼らのストーリーを話し始めた。

第4章のまとめ

本章では、主人公が会議で失敗し、その失敗を学びに変えて、成功につなげます。

本章の問いは、以下でしたが、読者の皆さんの答えはいかがですか？

第4章の問い
会議で失敗しそうなことは何か？

私の答えは、こうです。
2章や3章で教えた、**4つのダメや9ステップを忘れてしまうこと**です。いや、もっと言うと実践しないことです。

失敗しそうなことを3ステップでもっと簡単に言えば、
・（議題やゴールを）**決めない**
・（議事進行を）**見える化しない**
・（結論や行動を）**言語化しない**
に尽きます。

会議にはペースを握りがちな声が大きいモンスターが必ず存在します。
そのためにも、ペースを握り返すために、体系だった手法を忘れてはならないのです。

机をどんどん叩いて流れを変えろ

私が外資系企業にいた若きマネジャーだった時の経験です。
その企業には、世界中の国々から人が集まってきていました。

アメリカ人、インド人らが参加して、英語で会議が始まります。
「ここは、一体どこなんだ？」と一瞬疑いますが、我が国のとある会議室で、社内公用語の英語で会議は進み、いつしか終了します。

そこで、日本人である私は何度も辛酸をなめました。
会議が不本意な結論で終わることが多かったのです。
今回はそんな体験談です。

実際の場面は、自己主張の強い外国人による早口の英語で、どんどん進行、結論が出てしまいます。
その結論に対して、私を含めた日本人はあまり異論を唱えません。
穏便に物事を進めようとする日本人から見ると、その進め方は強引に映り、会議終了後に煮え湯を飲まされた後味だけが残ります。
自分だけ後味が悪ければ、まだいいですが、その結論が、自分の組織に関わるものになると、一緒にいたスタッフに影響します。

皆さんなら、異論がある時、どうしますか？
・反論できるような流ちょうな英語を身に付ける
・高等なディベートテクニックを駆使する

私の経験で、一番有効だったのは、どちらでもありません。

もっと原始的なことです。それは"意思表明すること"でした。
もっと具体的に言うと"机をどんどん叩く"ことでした。

アメリカ人のいいところの1つとして、会議終了後に必ず確認をする習慣があります。そのフレーズは
"Any Questions?（何か質問はありますか）"です。

ほとんどの日本人が、この時間をやり過ごし、何も質問しません。
そこで、私は異論がある時、会議終了時に確認を求められたら、机をどんどん叩きながら
"I have objections（反対です）"と表明しました。

さすがの外国人もどんどん机を叩く意見は、ぎょっとして注目します。
そこで、
☑ **何に反対なのか?**
☑ **なぜ反対なのか?**
☑ **何が代案なのか?**
を意思表示するのです。しどろもどろでも構いません。

流ちょうな英語でもなく、高等なディベートテクニックでもありませんが、怒気をはらんで反対しているな、ということが確実に伝わります。
結果として、自組織にとって不利になることが極端に少なくなりました。
机をどんどん叩くのは演技ではありましたが、時にはそういう"ポーズ"も大事なんだな、と経験できたのです。
逆に良くないのが、その場は何も反対せず、会議終了後に「あれはないよな」と愚痴をこぼすことです。

会議の戦いは、**会議中**に終えなければなりません。
決定したことは、**会議後**に巻き返せないのですから。

～応用編～

第5章

AIと
フレームワークで
さらに濃く！

どうすれば、もっと短く濃い会議になるか？

「特濃会議学」 の最大の特徴は、時間が **「短く濃く」** なることです。

ところが、本章での主人公は、ここまでファシリテーションを学んだにもかかわらず、時間に追われています。

これは、きっと読者の皆さんも直面するはずです。
そこで、こんな問いを掲げてみました。

どうすれば、もっと短く濃い会議になるか?

・準備に時間を割けない
・もっと締まった会議にしたい

こんなお悩みってありませんか？
同じ悩みを持つ主人公が、後半では新たに出現した「仲間」の力を借りて課題解決していきます。

どうやって課題を解決していくか。
自分にも再現できるのか。

そんな視点で読み進めてみてください。

弱きリーダーでもいいじゃないか

　昭和歌謡が流れる居酒屋「ことぶき」で、矢尾、鈴本、犬井の3人は祝杯を挙げた。鈴本は、母体を気にしてウーロン茶だ。

　酒席のさかなは、先日の会議だった。あの会議の後、しばらくしてウイルス対応の最新空調導入が正式に決定され、矢尾がプロジェクトリーダーを務めることになった。
　しかも、当初見積もりより2億円近くのコストダウンを成功させることができたのだ。
　それもすべて、あの会議での結論があってこそ、だった。

「大変だったっすけど、あの会議、うまくいって良かったっす」
　犬井が快活な声で言うと、

「いや、ファシリテーターとしての力量のなさを痛感したよ。実際は、四谷さんや三島課長に助けられたようなもんだ」
　矢尾が、大きなため息をついてビールジョッキを空けた。

「矢尾さん、助けを借りたとしても、3つのことはちゃんとできていました。まず1つは序盤の**“決める”**です」
　鈴本が、スマホのメモを見ながら回想する。

「初めに**“議題とゴール”**をしっかり決め、予算規模を決める会議ということが明確でした。ここが、前回会議と全く違うところです」

「確かに、**“空調設備を更新するか?”“予算規模はいくらにするか?”**のどちらを論点にするかでは、求める議論や答えが全然違ってくる。ファシリテーションのすべては、最初の議題とゴールでほぼ決まるということ

が実感できたよ」
「次は、スクリーンやホワイトボードを使って"**見える化**"したのも成功しましたね。特に、真島専務の発言前に、参加者の意見を一斉に聞いて、可視化したことが、大きな流れをつくっちゃいましたからね」

「実際、真島専務のような声が大きい人に占拠されちゃう前に、大多数の意見をくみ上げ、それを"見える化"すると、無視しにくいっすね」
　犬井が大きくうなずいている。

　鈴本がスマホメモを閉じて、続けた。
「終盤では、四谷さんや三島課長が流れをつくったけど、矢尾さんが自分のコトバで締めたのは、大きかったと思います。ファシリテーターが最後を締めると、場自体がキリッと締まりますね」

「皆には本当に感謝してるよ。一方で、助けてもらってばかりで、弱っちくて情けないよ。リーダーになるなら、もっともっと強くならないといけないよな」
　矢尾の目がまた赤くなり、涙がこぼれ落ちた。

　店内BGMの昭和歌謡バラードが、3人の沈黙を埋めてくれている。

「……ちょっといいっすか？　リーダーって強くなきゃいけないんすか？　リーダーってみんな迷ってて、弱いもんじゃないんすか？　だったら、矢尾さんのようにみんなの力を借りる。それが、今っぽいリーダーじゃないんすか？」

「あ、犬井くんに同感。古い気質の男性って、強くなきゃいけないって強権的になりがちだけど、そういう人たちって周りに命令するのはできても、周りの力を引き出すことは得意じゃないと思う。矢尾さんは、あの会議では周囲の力を引き出した立派なリーダーでしたよ」

矢尾は、2人のコトバに絶句した。リーダーは強くあるべき、と信じ込み、自己否定ばかりしていたが、鈴本と犬井のコトバに妙に慰められた。

（そうか。確かにファシリテーター役としてのリーダーは、周囲の力を引き出すのが本筋でもあるな）

　矢尾は、乾いた涙でカピカピになった顔をピシャリと叩いた。
「よし、分かった！　自分のように弱きリーダーは、周囲の力を借りていくことにするよ」

　鈴本が、ほほ笑みながら手を叩いている。

　矢尾が周囲をはばかり、鈴本と犬井を呼び寄せ、小声で話し始めた。
「早速2人に相談がある。実は、真島専務の声掛けで始まった**"未来会議"**という会議がある。参加者は真島が**"ニューリーダー"**と位置付ける全社の係長クラスだ」

「へー、何のための会議なんすか？」

「会議名称の通り、未来に対する提案や問題を発掘するために始まった。会社の経営にとどまらず、社会課題にも目を向けて、自由にテーマを掘り下げろと言うんだ。ところが、困ったことが2つある」

「へー、マムシさんも粋なことを企画するんすね。いい取り組みじゃないすか」

　犬井の自由奔放な発言には、矢尾は苦笑いで答えた。

「で、何を困っているんですか？」

　鈴本が、スマホにメモを取る準備をしている。

「1つは、議題はフリーテーマということだ。何でも話していい、議題にしていい。参加者の自由度を引き出すために、真島専務は参加しない。だから緊張感もなく、ダラダラした会議に成り下がっている。そして……」

　矢尾が、居酒屋の天井を仰いだ。

「そして、次回は俺が議題提示する番だ。何を議題とすべきなのか……。それを迷っている。自分へのファシリテーターとしての期待度が高まってるのを感じるから、余計にプレッシャーだよ」

　鈴本がスマホから手を離した。

「でも矢尾さん、三島課長直伝のファシリテーションで、議題をシャープにする、疑問文化して答えが出るような議題にするのは、お得意ですよね？」

「得意なのは、大体のテーマや議題が元からあって、それを加工するだけのことだ。今度は、ゼロから議題を作らなきゃならない。これが意外に難しい……。2人は全くの白紙状態からなら、どんな議題を作る？」

　傍観者目線から、当事者目線に立たされた2人は、しばし考え、沈黙した。気付けば、「蛍の光」が流れ始めていた。

ゼロからの議題作り

　ウイルス対応の空調導入プロジェクトのリーダーを務める矢尾は、多忙を極めていた。

　ここ数日は、犬井と鈴本2人でランチに行く機会が増えた。
　天気も良かったので、いつも3人で行っていたイタリアンレストランのテラス席を選んだ。
「鈴本さん、あの時の問い掛け、ゼロから議題を作るって、どうっすか？　あの時、自分は答えられなくて……」

　「……うん、私も」

　2人が話しているのは、矢尾が居酒屋で問い掛けたセリフのことだった。
（全くの白紙状態からなら、どんな議題を作る？）

「確かに三島課長から、議題が大事ってことを教わって、人が付けた議題の良し悪しは分かるようになったけど、ゼロから、白紙から議題を出してって言われても、なかなか出てこないわね」

「そうなんすよ。議題を絞り込むのが大事ってことは、よく分かったんすけど」

「三島課長は、“四谷の考える議題はすごい”と言ってるけど、忙しい四谷さんをいつも頼るわけにもいかないしね。四谷さんがドラえもんのようにいて、便利な道具やアイデアをくれたらいいのにね」

　ここで犬井がガタッと席を立った。

「ちょ、ちょっと待っててください。スマホ忘れたんで取ってきます。あ、鈴本さん何頼みます？　カルボナーラ？　あ、同じのお願いします」

　そう言って、急いでオフィスに戻って行った。

　鈴本と犬井のカルボナーラが出てきた数分後に、犬井が息を切らして戻ってきた。
「鈴本さん、（ハアハア）見つけたっす！」

「ん？　スマホ？」

「いや違うっす。（ハアハア）ドラえもんです」

「え？　ドラえもん？？」

「そう、ドラえもん。いや便利な道具です。これさえあれば、ゼロから議題作るの、苦労しません（ハアハア）」

「まあ、犬井くん、落ち着いて食べようよ。話はそれからにしましょ」
　食後、犬井が話す内容が、矢尾の運命を大きく変えていくことになる。

AI編 AIを使って議論を展開させる

　食後のコーヒーを待ちきれず、ナプキンで口を拭きながら、犬井が切り出した。

「鈴本さん、これすよ」

「ん？　スマホ？」

「そう、スマホ。じゃなくて、この中に入っているAIアプリです。**“AIチャット”**って、やったことありますか？」

「あー、流行ってるみたいね。私はまだないわ」

「いや、これすごいんすよ。例えば、っすね……。あ、さっき頼んだカルボナーラ。美味かったじゃないすか？　自分たち素人が作るのと、シェフが作るので味が違うじゃないすか？　その違い、説明できますか？」

「うーん、私も料理作るから、その経験値でいい？　麺のゆで方が違うのかしら？」

「ま、そーかもしれないっすね。じゃ、プロのシェフに同じ質問したら、分かりやすい答えが返ってきますかね？」

「うーん、想像つかないけど、こだわりが強い職人的なシェフでも、分かりやすく答えるには時間かかるんじゃないかなぁ」

「ですよね！　じゃ、ちょっと聞いてきましょう」
　犬井は、そう言って、何やらスマホに打ち込んだ。

AIとの壁打ち

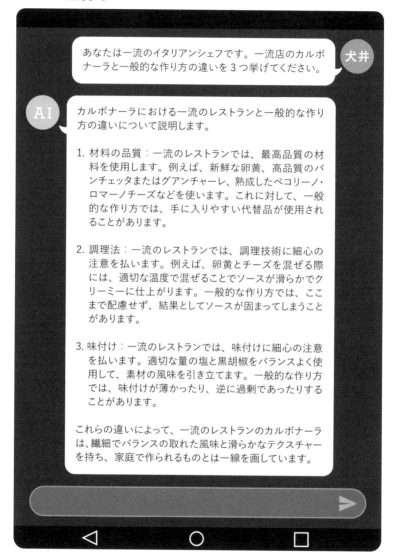

あなたは一流のイタリアンシェフです。一流店のカルボナーラと一般的な作り方の違いを3つ挙げてください。　犬井

AI　カルボナーラにおける一流のレストランと一般的な作り方の違いについて説明します。

1. 材料の品質：一流のレストランでは、最高品質の材料を使用します。例えば、新鮮な卵黄、高品質のパンチェッタまたはグアンチャーレ、熟成したペコリーノ・ロマーノチーズなどを使います。これに対して、一般的な作り方では、手に入りやすい代替品が使用されることがあります。

2. 調理法：一流のレストランでは、調理技術に細心の注意を払います。例えば、卵黄とチーズを混ぜる際には、適切な温度で混ぜることでソースが滑らかでクリーミーに仕上がります。一般的な作り方では、ここまで配慮せず、結果としてソースが固まってしまうことがあります。

3. 味付け：一流のレストランでは、味付けに細心の注意を払います。適切な量の塩と黒胡椒をバランスよく使用して、素材の風味を引き立てます。一般的な作り方では、味付けが薄かったり、逆に過剰であったりすることがあります。

これらの違いによって、一流のレストランのカルボナーラは、繊細でバランスの取れた風味と滑らかなテクスチャーを持ち、家庭で作られるものとは一線を画しています。

「え、何これ？　すごっ！　今出てきたの？」

◆AIの回答は実際に質問したやり取りをもとに再構成しています。AIの使用については5章のまとめの最後に注意点を掲載しています。参考にしてください。

「はい、**"秒"**で答えてくれるっす。もちろん同じようなことをググれば、出てきますが、それは誰かが文字で書き残したデータを**"拾って"**きてくれるだけです。このチャットは、AIが文脈を読んで、**"考えて"**くれるんです」

「**"考えて"**くれる？」

「そう、例えば、さっきのカルボナーラ質問だったら、違いを"3つ"挙げてとお願いしたら、**"材料の品質""調理法""味付け"**の3つの要素自体を**"考えて"**くれました。これを"5つ"にすると、また追加で2つの要素の切り口で考えてくれます」

　犬井はまたスマホに何か書き込んだ。
「あ！　"5つ"の切り口でお願いしたら、**"使用するパスタ""盛り付け"**の2つの切り口で、違いが追加されたっす！」

「すごーい！　一流イタリアンシェフが友達になったみたい！　あっ、そういうこと？」

「そういうことっす！　四谷さん並みのファシリテーターが友達になったようなもんです。これ、ドラえもんが出した道具になるんです！」
　犬井は、興奮しながらスマホを振りかざしている。

　鈴本と犬井はハイタッチして、急いでオフィスに戻った。

1 AIと対話してみる

　矢尾は目が回りそうだった。

　不在がちの三島を支える課長代理としての役割、最新ウイルス対応型空調の全社導入の指揮、細々とした電話対応など、プレーイングマネジャーとして、奔走していた。

　先ほども、鈴本と犬井から至急聞いてほしいことがあると会議要請があったが、全ての仕事が終わる20時までは対応できないと断ったばかりだった。

　"40代は働き盛り"と言う人がいるが、"30代こそ働き盛り"だ、と返したくなるくらい、矢尾は忙殺されていた。

　左手のスマートウオッチが20時の時報を鳴らした。デスクから顔を上げると、鈴本と犬井が喜色満面で待ち伏せていた。

（そうか。彼らとも約束していたな）
　そう思いながら、おしぼり代わりに両手で顔を覆い拭った。
「悪い悪い、20時になったな。聞いてほしいことって緊急か？」

　2人とも笑顔のまま首を振っている。
「緊急でなければ、申し訳ない。明日以降にリスケしてくれないか。今日は疲れてしまってさ。それに"未来会議"が控えている。その議題についても考えねばならない。あれを考える体力を温存しておきたいんだ」

鈴本と犬井がニンマリと顔を見合わせた。

「矢尾さん、議題を考える**体力**が必要なんですね？」

「そりゃそうさ。体力っていうか、頭の体力、つまり"**知力**"な。会議は、何を論じるか、それを絞り込んで議題化することが、最も重要だ。そして、それを全くのゼロから考えるのがいかに難しいか、居酒屋で言った通りだ。分かるだろ？」

　矢尾はなかなか引き下がらない2人にイラつき始めた。

「だからこそ、なんすよ！　矢尾係長が、忙しくて、会議議題を考える暇がない。体力、いや知力が不足している。そこを助けたいんすよ！いいから、少しだけ会議室に来てくれませんか？」

　強引な2人に両脇を挟まれて、矢尾は会議室に拉致された。会議室には、1台のパソコンが置かれ、それとつながっているプロジェクターからスクリーンに画面が投影されていた。

「今、AIが急速に発達しています。チャットでAIに命令すると、AIが考えてくれるんです。考えてもらう命令コトバを"プロンプト"と呼びます」

「ぷ、ぷろんぷと？」

「そうです。そのプロンプト次第で、精度が変わってきます。色々調べたら"**役割➡背景➡命令**"の要素を書くだけです」

「うーん、全くイメージが湧かないな……」
　矢尾がそう言ってる間に、犬井がパソコンのAIチャット画面にプロンプトを打ち込んだ。

あなたは会議の名ファシリテーターです。近日中に「未来会議」という名目で、未来の戦略や問題解決に関する会議があり、係長クラスが参加します。総務部設備課は、全社で導入すべき設備の企画や導入を担当しています。設備課として、この会議で取り上げるべき議題を疑問文の形式で3つ挙げてください。

「矢尾さん、**"役割 ➡ 背景 ➡ 命令"** を当てはめてみると、こんな感じでいいでしょうか?」

「あ?　ああ……」
　するとスクリーン上にこんな答えが返ってきた。

・議題1：将来のビジネスニーズに対応するために、どのような新しい設備投資が必要ですか?

・議題2：働き方の変化に伴い、社員の生産性と満足度を最大化するために、オフィス環境をどのように改善すべきですか?

・議題3：環境持続可能性を考慮して、エネルギー効率の良い設備やリサイクル可能な資源の導入にどのように取り組むべきですか?

「どうすか?　**"秒"** で返ってくるなんて、すごくないすか!」

　興奮する犬井に反して、矢尾は冷めていた。
「うーん、初めて経験させてもらったが、これがAIの実力か……。正直言って、議題が漠然としてパッとしない。まだまだだな」

「あ、ここから**"壁打ち"** すりゃいいんすよ。**"漠然としている"** ってことを伝えましょう」

② AIとテーマを絞り込む

「"漠然"の逆のコトバは"具体的"っすかね」
　犬井はそう言って、プロンプトに落とし込む。

> これらの議題は漠然としているので、60分間で答えが出るように議題を絞りたいです。疑問形式はそのままに、主語を明確にする、期限や目標など数字を入れるなどして、具体的にした議題を3つ挙げてください。

「矢尾さんのリクエストは、こんな感じっすかね？」

「あ？　ああ……」
　すると以下の返答があった。

> ・議題1：設備課として、2024年末までに実現を目指す具体的なエネルギー効率改善策は何か？
>
> ・議題2：社員のリモートワーク支援のために、次の3カ月以内に導入すべきIT設備は何か？　また、その費用見積もりはいくら？
>
> ・議題3：オフィスの作業環境を改善するために、設備課が直接影響を与えられる範囲で、1年以内に実施可能な具体的施策は何か？

「うーん、だいぶ具体的にはなってきたんだけど……」

「どれも、まだまだってことすね？　3つのうち、どれか深掘りできるものないっすか？」

「うーん。強いて言えば、議題2の"リモートワーク支援"かなあ。でも、

ウイルスリスクが下がると同時に出社が増えて、リモートワーク需要が少なくなったので、ドンピシャじゃないよなあ」

　ここまで黙っていた鈴本がようやく発言した。
「矢尾さん、議題2の"IT設備"は設備課が考えるべき、ど真ん中じゃないですか？」

「うーん、そうだね。でもIT設備って、これも漠然としているね。最新のIT設備って何だろうね」

「それこそ"AI"、どうすか？」

「なるほど、"AIの会社導入"か……」
　矢尾は考える時の癖で、天井を仰いでいる。

「じゃ、さっそく議題を考えさせるプロンプトを……」
　犬井が、打ち込もうとした時、天井を見上げていた矢尾が制止した。

「ちょっと待て。議題を考えさせる前に、犬井が言うように"壁打ち"させてくれ。こう打ち込んでくれないか」

　犬井は、矢尾が口述したコトバを打ち込んだ。

犬井

AIチャットを会社に導入すると、どんな働き方改革につながるか3つの可能性を示してください。

AI

1. 【効率的な情報共有とアクセス】AIチャットボットの導入で、社員がいつでも簡単に必要情報にアクセスできるようになります。これにより、情報検索の時間が削減され、業務効率化を図ることができます。例えば、社内のFAQやマニュアルなどにすぐにアクセスできるようになることで、新入社員の研修時間の短縮や日常業務のスムーズな遂行が可能になります。

2. 【コミュニケーションの最適化】AIチャットを利用することで、チームまたは部署間のコミュニケーションが効率的になります。AIが簡単な質問に自動で答えられるようになり、社員はより創造的な仕事に集中できるようになります。また、AIチャットを通じてプロジェクトの進捗状況をリアルタイム共有することで、チーム全体の透明性と協力が促進されます。

3. 【社員満足度の向上と離職率低下】AIチャットボットを用いて社員の声を収集し、その結果を基に職場環境の改善を図ることができます。結果として離職率の低下が期待できます。

　ここで矢尾が反応した。
「この3つ目の"離職率低下"は、どう思う？　我が社は中高年が会社にとどまる割合は高いが、逆に若年層の離職率は高い。これは、将来的に大きな問題だ。設備課としてAIを導入することで、この問題にアプローチできないだろうか？」

「議題化できるか、早速聞いてみちゃいますか？」
　犬井は、慣れた手つきでキーボードを叩いた。

3 AIと議題をチューニングする

犬井は、プロンプトを打ち込んだ。

「AIと離職率低下」をテーマに60分間で答えが出るような議題を3つ挙げてください。

即座にAIから答えが返ってきた。

1.【離職予測モデルの効果測定】過去のデータを基に構築した離職予測AIモデルが現状の従業員データにどの程度適用可能かを分析し、その精度と効果はどんなものになるか?

2.【短期間で実装可能な予防策議論】AIが指摘する離職リスク因子を基に、即座に実行可能な予防策とは何か?

3.【従業員エンゲージメント向上のためのAI活用】AIを活用して社員エンゲージメントを向上させるための具体的な施策は何か?

「ちょっと、これ……。難しくないですか?」

「そうだな。AIに不慣れな参加者の顔ぶれを見ると、これは何のことかは分からないだろう。うーん、どうするか……」

「それもAIに考えさせましょうよ。ちょっと待ってください」
　犬井は、またプロンプトを打ち込んだ。

これらの議題は難し過ぎます。会議参加者はAI知識が乏しく、AIに懐疑的です。そんな参加者が60分会議で到達するゴールから逆算した議題を3つ挙げてください。

1. 【AIと離職率の関連性を理解する】
 - 議題：他社の事例を見ると、AIを利用することで自社の離職率を
   どのように改善できるのか？
 - ゴール：具体的事例を通じてAIが離職率に与える影響を理解し、
   その適用可能性についてオープンな考えを持つようになる

2. 【AI導入における懸念と対策をリストアップ】
 - 議題：AIを導入する際にはどのような懸念や疑問があり、それら
   に対してどのような対策や解決策を考えることができるのか？
 - ゴール：AI導入に対する不安や疑問を共有し、解決策を考える
   ことでAIへの理解を深め、懐疑的な意見を和らげる

3. 【簡単なAIツールのデモと体験】
 - 議題：簡単なAIツールを実際に見てみることで、その利用方法
   や利点の理解をどのように深めることができるのか？
 - ゴール：AIツールを直接見て体験することで、AIに対する理解を
   深め、その利点や可能性を具体的に把握する

期せずして3人から歓声が上がった。

「議題とゴールが明確で、これならAI知識が少ない参加者でも議論で
きそうですね」

鈴本が手を叩いた。

「しかし、3つのうち、どれか1つ選ぶのが難しいっすね」

「いや、これはなかなかいいぞ。この議題3→2→1の順で毎週会議して
みるのはどうか？」

「……とおっしゃいますと？」

矢尾が人差し指を立てた。

「まず今度の会議では、参加者はAIチャットに触れたことがない者が
多いだろう。そこで**"簡単なAIツールのデモと体験"**をテーマにして、
理解促進をゴールとする」

次に2本目の中指を添えた。
「次の週では、AIの理解が促進された上で懸念する事項に答えるべく**"AI導入における懸念と対策"**をテーマにする」

　最後に3本目の薬指を立てた。
「3週目には、AIの可能性と懸念の両方への理解が深まっているだろう。そこで、本丸の**"AIと離職率の関連性"**について踏み込む。ここで答えが出たら、離職率を下げるため、設備課として、AI導入の検討を始める。こんなシナリオはどうだ？」

「わ！　すげっ、完璧っす！　ありがとうございます！」

「礼を言うのは、こちらの方だ。君たちのおかげで、大変だった議題選びのメドが立った。AIと対話して、ここまで何分だ？」

「えーと、ちょうど**5分**くらいっす」

「何？　たった5分か！」
　それまで、矢尾はAIに対して懐疑的であった。

　AIが人間の仕事に取って代わる、
　AIが人間を支配する、
　などのネガティブイメージがあったからだ。

　ところが、AIと対話しながら、最終選択肢は人間が握る。
　こうすれば、AIは**"敵"**ではなく**"友"**として付き合える。

　相当な生産効率につながると確信し、「未来会議」に向かうことに胸が高まった。

論点を整理してまとめる

　矢尾ら係長クラスが中心となる「未来会議」は、結論が出ないダラダラとした会議に成り果て、参加者のモチベーションは極めて低かった。

　矢尾は、3週連続の会議でAIの議題を提出した時も、低いモチベーションで活性化しないことを想定していた。

　ところが、最初の議題提示から1カ月経過した今は、信じられないことが起こっていた。

　係長クラスは30代がほとんどであり、冷めてるようで世の中の動きに敏感だ。矢尾の議題により、実際AIに触れ、議論百出する盛り上がりを見せていた。

　ここで思わぬ課題に出くわした。
　文字通り、議論百出したAI活用の施策は、優に100を超えて、収拾がつかなくなっていた。

　設備課が属する総務部の人数も限られている。
　実際、社内で稟議を申請し、トップの判断を仰ぐ施策ならば、数個の施策に絞り込まないと実現がおぼつかない。

　ただ、参加者が知恵を絞った施策なだけに、それぞれ愛着があり、どれを削ればいいかで会議進行が難航していたのだ。

　わずか1カ月でAIを使いこなせるようになった矢尾であったが、100を超える施策の絞り込みはAIに相談するわけにはいかず、頭を悩ませる種となっていた。

矢尾は、意を決して出張から戻った三島に相談した。

「なるほど。AIを使った会議進行とは、さすがだな。矢尾の悩みはこうか？ **“拡散”**には成功したが**“収束”**に苦労しているってことだな」

「はい。まさに9ステップの中の6ステップ、**“聞く・出す・絞る”**です。“聞く・出す”の**拡散**はうまくいきましたが、“絞る”の**収束**に苦労しています」

「……矢尾。今週の日曜日、空いてるか？」

「は？　はい……」

「実は、四谷に呼ばれて奴の自宅に行く予定だ。どうだ？　一緒に来ないか？」

「え？　いいんですか？」

「うん、矢尾が成長したことをたぶん喜んでくれるよ」

　三島に相談しても答えが得られなかったが、四谷の自宅を訪問することが決まった。

　そこで、矢尾は大きなヒントを見つけることになる。

「拡散」を「収束」させるフレームワーク

　白いマルチーズを抱えたきれいな奥様に迎えられ、白亜の邸宅を訪れると、青々とした芝生のテラスで四谷と三島が待ち受けていた。

　四谷と対面する矢尾は、腰を低くして四谷に礼を述べた。
「ああ、いつぞやの会議のことか。矢尾君、あれから随分と成長したと聞いてるぞ。AIを駆使してるんだって？」

　矢尾は、はにかみながら頭をかいた。

　四谷家の愛犬マルチーズか、うれしそうに三島の膝に飛び込んできた。
「三島には毎週末、俺の相談で来てもらってるんで、この通りさ。主人を忘れて、一番懐いてるよ」

「え？　三島課長は、毎週来てるんですか？」

　三島が大きなせき払いをした。
「あ、まだ言ってなかったか……。ところで、どうした？」

「はい、実は、会議ファシリテーションで悩んでいることがあるんです」

　矢尾は、AIと対話しながら議題選出したこと、参加者のモチベーションが上がり発言の拡散に成功したこと、拡散した発言を絞り込む収束に課題があることを伝えた。

「なるほどな。参加者は自分の発言に誇りや愛着がある場合、削り込まれることを良しとしない。でも、ファシリテーターとしては、何とか絞り込んで合意形成しないとならない。こういうことだな」

矢尾が大きくうなずいた。

「矢尾君、そんな時でも大事なのは"見える化"だ。皆の見てる前で、**フレーム**を使ってみてはどうだ？」

「フレーム、ですか？」

「そう、フレームワークといって、考え方の枠組みだ。中でもこんなマトリクスを使ってみてはどうだろう？」

　四谷は、慣れた素振りで庭先に用意されていたホワイトボードに書き出した。

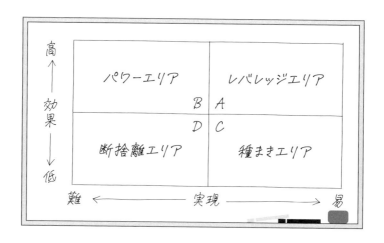

「これは**"ペイオフ・マトリクス"**といって、縦軸に"効果"、横軸に"実現"を置いて、4象限に整理したフレームだ。それぞれのマス目には、独自の名称を付けている。参加者と一緒に、百出した施策をここに割り振ってみてはどうだろう？」

「あ、これはいいですね！　右上のAエリアにプロットされた施策を選べばいいんですね？」

「さすが三島に鍛えられているな。勘がいい。右上のAはレバレッジエリアと言って、少ない力で大きな対象を動かしていける可能性が高い。もし、いくつかここに配置されたら、それを深掘りすればいい」

「本当にありがとうございます！」

　早々と相談が終わった後は、まだ明るかったが矢尾が持参したワインを片手に3人で様々なことを話した。

　その日の夕食は、テラスでいただくことになった。

　酒に強い四谷と三島は、もう何本もワインを空けている。

「矢尾君、実はな、もうすぐ会社を辞めることにしたよ」
　四谷は矢尾に話しかけたが、矢尾は昼からのワインが効いたのか、静かな寝息を立てていた。

フレームワークで議論をまとめる

　未来会議の当日。

　前の会議で、AIを利用して離職率を下げるための施策案が100を超えていたが、この会議では、それらを1つに絞り込むことがゴールだった。

　矢尾は、2つの準備をして会議に臨んでいた。

　1つは、100超の施策を5個に絞り込んだこと。これは、ファシリテーターの独断であった。

　そうでもしなければ、会議の収拾がつかないことが予想されたからだ。

　ただ、紛糾を避けるため、絞り込んだ順不同の5施策を事前に参加者にメール送付、一定時間内に不服申し出がなければ、絞り込んだ5施策を前提に会議を進めたい、了承願いたいと丁重に依頼した。

　一定の時間を過ぎ、誰からも不服申し出がなかった。

　矢尾は、あらためて送付したメールを見直した。
　設備課のアイデアに対し、他部署の係長が知恵を絞ってくれた施策を削る作業はつらいものがあった。それだけ、残った施策は、選びぬかれた珠玉のものばかりだった。

（さらにこの中からほとんどを削り込まないとならない）
　そう言い聞かせて、メールに記載した5施策を眺めた。

［矢尾の独断選出 5 施策］

【社員エンゲージメントの分析】

AI を使用して社員のフィードバックやアンケートの結果を解析し、エンゲージメントの低い領域や満足度の低いポイントを特定。問題領域を特定し、対策を講じることが可能になる。

【早期離職予測モデルの構築】

社員の労働時間、作業の質、コミュニケーションのパターンなどを分析し、離職リスクが高い社員を予測する。予測結果を基に、マネジャーや人事が早期に介入し、社員不満を解消できる。

【スキルギャップとトレーニングの提案】

社員のスキルセットを分析し、必要なスキルが不足している場合は適切なトレーニングプログラムを提案。これにより、社員が自己成長を感じ、キャリアに前向きになることが期待できる。

【ワークライフバランスの最適化】

AI を利用して社員の勤務時間や休暇の取得状況を分析し、適切なワークライフバランスを促進する。バランスのとれた生活を送ることにより、社員満足度を向上させることで離職率低減を狙う。

【メンタリングとキャリアサポート】

AI を使用して社員とメンターをマッチングし、キャリア成長のサポートを提供する。キャリアの道筋が明確になることで、社員は職場において、充実した時間を過ごすことができる。

矢尾は、緊張して未来会議に臨んだ。

というのも、独断で選んだ5施策は事前メールしたとはいえ、「どういう基準で選んだんだ」と問われ、会議が紛糾するのを覚悟していた。

ところが、2つの想定外に直面した。

1つ目は、5施策への絞り込みが、すんなり受け入れられたことだ。
（あれだけ愛着があった施策のはずなのに）

そう思ったが、元々は矢尾という他部署への意見出しであったために、自部署の利害には関係ない。

いい意味で、それほど関心が高かったわけではなかったのだ。

2つ目の想定外は、5施策の優先順位を選べなかったことだ。全員、異口同音に「選べない」を連呼していた。

発言を絞り込んでいく"収束"の難しさを感じるも、四谷課長に教えてもらったフレームを参加者に紹介した。

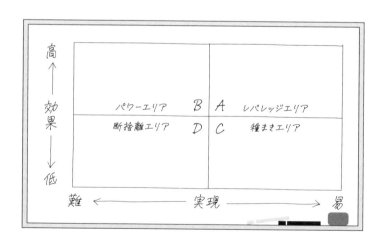

丁寧にマトリクスの見方を紹介し、中身に入れる施策については、参加者の発言を拾いながら配置し**"見える化"**させてみた。

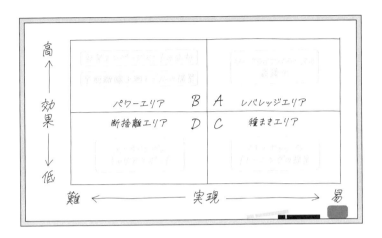

　衆目一致する中、右上の「ワークライフバランスの最適化」を推した。「選べない」を口にしていた参加者だったが、あっさり全員の賛同を得ることができた。

　会議終了後、仲の良い同期係長に聞いてみた。
「今日はお疲れ様。施策を1つに絞り込んだ最後だけどさ、あんなにあっさり決まるとは思わなかったよ。なんでだろ？」

「あ、あれな。あの表組みって、何て言ったっけ？」

「ペイオフ・マトリクスか？」

「そうそう、あれは、分かりやすかった。皆の見てる前で割り振ったのも良かったが、それより良かったのが矢尾の説明だな」

「うん？　俺の説明？」

「そう、割り振った根拠をきちんと説明してくれた。あそこまで絞り込むのに、相当時間をかけただろ？　しっかり根拠を調べて整理している

のが、よぉく分かったよ。うまくいくといいな。お疲れさん！」

　そう言って、矢尾の肩を叩いて会議室を後にした。

　矢尾は複雑な気持ちだった。

　というのも、時間をかけて調べてなどいなかったからだ。

　実は、矢尾はもう1つ事前に準備していたことがあった。

　それは、ペイオフ・マトリクスの4象限への割り振りで、その根拠に使用したのは、すべてAIに相談した答えだったからだ。

　ペイオフ・マトリクスという4象限、つまり「効果が高く実現がたやすい」「効果が低く実現がたやすい」「効果が高く実現が難しい」「効果が低く実現が難しい」に分けるフレームワークがあります。上記5施策を4象限に分類してください。

AI

・Aエリア：効果が高く実現がたやすい
　　　【ワークライフバランスの最適化】社員の勤務時間や休暇の取得状況を分析する技術は既に存在し、実装が比較的容易。効果も高く、従業員の満足度とエンゲージメントの向上に直結する。

・Bエリア：効果が高く実現が難しい
　　　【社員エンゲージメントの分析】高度な分析を行い、エンゲージメントの低い領域を特定することは大きな効果を生む可能性があるが、正確な分析のためには高度なAI技術と豊富なデータが必要。
　　　【早期離職予測モデルの構築】離職リスクが高い社員を予測し、早期介入することは効果が高いが、正確なモデルを構築は困難。

・Cエリア：効果が低く実現がたやすい
　　　【スキルギャップとトレーニングの提案】AIでスキルギャップを分析し、トレーニングプログラムを提案することは実現可能だが、社員の学習意欲やプログラムの質に依存するため、効果は不透明。

・Dエリア：効果が低く実現が難しい
　　　【メンタリングとキャリアサポート】AIにより、社員とメンターをマッチングし、キャリア成長をサポートすることは理想的だが、適切なメンターの確保やプログラムの設計が難しい。

効果が高く実現がたやすいと位置づけた「ワークライフバランスの最適化」は、矢尾によって社内提案され、役員会の承認も受け、実現した。

　実現しただけではなく、数年後に大きな成果となった。

　休暇取得率が上がり、反比例するように離職率は低減した。一方で、会社の業績は3年連続で過去最高を更新した。

　矢尾は、この成功を機に、AIを駆使するファシリテーターとして大成長を遂げる。その後は、設備課の枠にとどまらず、「AIを使った離職率低減のプロ」として、社外でセミナー登壇するほどの第一人者として活躍することになった。

「そろそろ、お時間になりまーす！」
　威勢のいい店員が、宴会の終了を知らせに来た。

　焼肉居酒屋に集まった同期たちは、一向に帰る気配がない。

　同期たちが口々に感想を述べた。
「そうか。矢尾君たちは、決して強いリーダーじゃなかったんだな」

「いや、誰しも四谷みたいに強いリーダーじゃないよ」

　久しぶりに出た名前に同期の1人が声を上げた。
「四谷？　そういえば、四谷は今何してるんだ？」

　三島にファシリテーションを指南した四谷は、ちょうど10年前に
会社を退職していた。

　同期の出世頭、同期初の役員と嘱望されながら、その道をあっさ
り譲って起業してしまったのだ。

「役員確実といわれた四谷が退職し、伏兵の三島が役員になる……。
分からないもんだな。で、四谷はどうした？」
　隣の席に座った浅黒い顔の同期がつぶやいた。

「あいつは……」
　三島が、答えようとすると、威勢のいい店員が申し訳なさそうに、
再び勧告してきた。
「……すいません。お時間なんで……」

　丸顔幹事がようやく重い腰を上げた。

「では、宴もたけなわではございますが2次会をご用意しております。皆さん、もちろん行きますよね？」

　意気軒高な返事から察するに、ほとんどが2次会に向かうようだ。

　三島は、丸顔幹事に2次会は遠慮することを事前に伝えていた。

　店の出口で、握手やら抱擁やら集合写真の撮影やらで、もみくちゃにされた三島はようやく同期が街に消えるのを見送った。

「さて、と……」
　タクシーをつかまえ、行き先を伝えると、スマホを取り出して、メールを打った。

　"宴会が終わった。これから向かう"
　ほどなく返信が来た。

　"奥のカウンターで先に飲ってるよ"
「相変わらずだな……」

　無駄のない短文。
　そして素早い返信。
　あの頃から何も変わっていない。

　三島は、10年ぶりに再会する四谷の顔を浮かべ、気持ちが高ぶるのを感じた。

第5章のまとめ

「特濃会議学」もいよいよ後半。
本章冒頭で、読者の皆さんに掲げた問いは、こうでした。

第5章の問い
どうすれば、もっと短く濃い会議になるか？

それらの答えは2つです
1つは、AI。
ファシリテーションで最も難しい議題作成と選択。
これは、ファシリテーションを教える筆者が、実は一番苦労
していたことです。
体系的な議題作成の方法はありますが、「考える」作業として、
頭に最も負荷がかかることなので、センスなど属人的になり
がちでした。それらをAIが「考えて」くれるのです。
そのことで大幅に時間が節約になります。
そのために必要なのがプロンプトという命令コトバです。

2つ目は、フレームワークです。
フレームワークは、人間の「知」の結集です。
要素、順番などが、目的に応じてキレイに整備されています。
本章では、ペイオフ・マトリクスを使いましたが、第4章で四
谷が、会社の空調入れ替えの議論をまとめるために使ったマ
トリクスもフレームワークです。

また私たちに身近な、「起承転結（ストーリー）」や「因果応
報（原因→結果）」の考え方も要素、順番がまとめられた立派

なフレームワークなのです。

余談ですが、よく講義で紹介するフレームワークも紹介します。
会議でとっても重宝する「空・雨・傘」というシンプルかつ奥深いフレームワークです。
世界的なコンサルティングファームであるマッキンゼーでも徹底されていると言われています。

「空・雨・傘」って、ちょっと面白いネーミングじゃないですか？　それは、こういうことです。

［空・雨・傘 フレーム］

フレーム	意味	例
空	事実	空に黒い雲が広がってきた
雨	解釈	雨が降ってきそうだ
傘	行動	傘を持って出掛けよう

「空」は、事実。
「雨」は、「空（事実）」からの解釈。
「傘」は、「雨（解釈）」からの行動。

例文を声に出して読んでみると、上から「だから」でつながります。
　　→空に黒い雲が広がってきた、だから雨が降りそう、だから傘を持とう
下から読むと「なぜなら」で説明できます。

→傘を持とう、なぜなら雨が降りそう、なぜなら黒い雲が
　　　広がってきた

シンプルかつ論理的な構成になっているのです。

論破王として知られるひろゆき氏は、よくディベートでこう
言います。
「それって、あなたの感想ですよね？」
これは、「あなたの雨（解釈）は、どんな空（事実）に基づい
てるの？」と確認しているだけなんです。

ディベートの場でなくても、会議の場でも使えます。
なぜなら、「空の事実」と「雨の解釈」を混同して議論されが
ちだからです。

したがって、
・議題1（空）：事実は何か？
・議題2（雨）：その事実で、どう思うか？
・議題3（傘）：だったら、どうするべきか？
と議論することで、ヌケモレ少なく、無駄のない議論ができ
ます。

どれも「時間だけがダラダラ過ぎて、何にも決まらない」時
に使うと、効果てきめんです。
AIと共にぜひお試しください。

[**AI使用上の注意点**]

※AIはネット上にある情報を学習して文章を作成するため、元の文章をそのまま引用している場合があります。その点を踏まえ、AIが作成した文章については著作権への配慮が必要です。

※一方、会議前の議題づくりなどにAIと対話する際に、打ち込む内容がAIの学習に用いられ、第三者に渡る可能性があります。AIのサービスによっては、「入出力した情報を学習に用いない」ように設定ができるものもあります。
情報管理に注意しながら、AIを安全に活用してください。

AIは神ではなく、もはやパシリだ

ファシリテーターの仕事の1つに「創造」があります。
何かを創り出す。
中でも最も難しいのが、ゼロ、つまり白紙からコトバを紡ぐ時です。

例えば、本書を書いてる今も感じていますが、執筆の難しさです。1冊
の本を書くというのは、真っ白な原稿に約10万文字を書きつづります。
文字通り、白紙にコトバを刻み込んでいくのです。

基本的には自らがファシリテーターとなって、ゴールを定め、ペース配
分しなければならない、孤独なランナーのような作業です。

伴走してくれるランナーが横にいたら、どんなにか楽なのに。
……今回は、そんなお話です。

プロフェッショナル・マーケティングコーチとして、私が教えている講
座の1つに「コピーライティング」があります。
コピーライティングというのは、短いコトバで人を惹き付ける技術です。
極めて狭く専門的な技術に思われがちですが、広告だけでなく、営業、
人材採用、はたまたプロポーズまで使えるという、とても汎用的なスキ
ルなんです。

で、その講座の中では、センスだけに頼らない体系的な法則などを教え
ています。

とは言ってもですよ、なかなかコトバって出てくるもんじゃないんです。

そこで必要なのが、「伴走者」の存在。
だれか壁打ちに付き合ってもらいながら、改善のヒントをくれる存在。
いたらいいですよね、そういう存在。

でもね、そんな存在、なかなかいないんですよ！
そこでご紹介するのが、本章でも取り扱ったフレーム&AIです。

ここにも公開しちゃいますね。

これはですね、人を惹き付けるコトバが、誰でも簡単に書けちゃうフレーム&AI「最強16の型」です。

3つのポイントで説明します。

ポイント1：まずフレームを描く

次ページの縦軸を見てください。16プロセスありますが、大きくは4つです。「考える（誰に何を）」「書く（本文のストーリー）」「惹き付ける（短いキャッチコピー）」「磨く（最終チェック）」の4つです。それぞれの中に「拡散」と「収束」が繰り返され、それぞれ細かい要素で掛け合わせると、全部で16プロセスになります。
使い方の詳細は、ここでは省きますが、マーケティングやコピーライティングで必要な「4要素」、会議で必要な「2要素」などを洗い出すことがポイントです。
これを自分ゴトとする時、どんな要素が必要か、と問い掛けていくといいですね。

ヨコタ式コピーライティング　AIプロンプト　最強16の型

フレーム	思考		AI活用目的		レベル
考える （誰に×何を）	拡散	1	調査	市場を調べる	初級
		2	創出	アイディアを創出する	初級
	収束	3	対話	壁打ち対話する	中級
		4	整理	フレームで整理する	上級
書く （共感／納得／ 行動）	拡散	5	抽出	キーワードを抽出する	初級
		6	作成	文章を作成する	初級
	収束	7	移入	感情を移入させる	上級
		8	比較	出来上がりを比較する	中級
惹き付ける （4大法則／ 35の型）	拡散	9	抽出	キーワードを抽出する	初級
		10	作成	文章を作成する	初級
	収束	11	移入	法則・型を移入させる	上級
		12	比較	出来上がりを比較する	中級
磨く （客観点検）	拡散	13	分析	感情を分析する	中級
		14	評価	出来上がりを評価する	中級
	収束	15	校正	誤字脱字を校正する	初級
		16	要約	論理を短く要約する	初級

出所：CRMダイレクト株式会社が独自作成　※無断転載を禁じます

プロンプトワード例		
背景プロンプト（例）	制限プロンプト（例）	指示プロンプト（例）
私は○○を調べています	○○を中心に3行でまとめ	調査傾向などを教えて
私は○○に 取り組んでいます	○○に対し5つほど	有効な手段を教えて
あなたは○○の設定です	○○の私に対し計5つを 1つずつ	質問をして
私は○○を検討しています	○○フレームを使って 要素を1つずつ	質問をして
私は○○に対し ○○提供を考えてます	○○が喜ぶ順に5つほど	キーワードを教えて
私は○○に対し ○○提供を考えてます	○○の順で100字を 3案ほど	文章を提示して
あなたは○○の設定です	喜び／怒り／悲しみの3パ ターンで	質問をして／ 文章を提示して
あなたは○○の設定です	○○か△△かの2択から	どちらかを選んで 理由を教えて
私は○○に対し ○○提供を考えてます	○○が惹きつけられる順に 5つほど	キーワードを教えて
私は○○に対し ○○提供を考えてます	○○の順で26文字以内で 3案ほど	文章を提示して
あなたは○○の設定です	35の型を使って2案ずつ	質問をして／ 文章を提示して
あなたは○○の設定です	○○か△△かの2択から	どちらかを選んで 理由を教えて
あなたは○○の設定です	喜び／怒り／悲しみの感情 を0-5で	表現して
あなたは○○の設定です	○○か△△かの2択から	どちらかを選んで 理由を教えて
私は○○に対し ○○提供を考えてます	表記ゆれ、句読点、表現 について	誤字脱字、 修正箇所を見つけて
私は○○に対し ○○提供を考えてます	300字以内の日本語で	ターゲットが 分かりやすいよう要約して

注意：上記プロンプトはAI（タイプや無償版有償版）によって、正確な解が出ない場合がありますので、各自工夫を重ねてみてください

ポイント2：質問を作る

その次がAIへのプロンプトという命令（もしくは質問）です。AIチャットは、プロンプト次第で答えが変わってきます。その文脈を読んでいるからです。その意味で、何を命令するかは、とっても大事です。
ここでは、「背景」「制限」「指示」の手順を紹介しています。

ポイント3：選択する

上記のプロセスを踏むと、AIがいろんなヒントやアイデアばかりでなく、作品そのものを提示してくれます。
ここで重要なことがあります。
その答えを1つだけに限らせないこと。
それが唯一の答えであれば、盲信してしまうことがあります。
ですから、必ず複数の答えをAIに出させます。人間が**「選ぶ」余地を残す**ためです。

これらの手順を踏むと、AIさん、なかなかやります。
中級コピーライターくらいの、いい文章を書き上げてくれるんです。

そうするとですよ、
「人間はもう要らないのか」
「我々の仕事は取って代わられるのか」
「AIはやっぱり神なのか」
との声が聞こえてきます。

そうじゃないんです。
そして、そうさせちゃいけないんです。
そのシンプルな答えが**「選択肢」**です。

最後に「選ぶ」のは人間にする。
そのように、AIに命令すればいいんです。

唯一の答えだと、AIが**「神」**になってしまいます。
ところが、人間が選ぶ決定権を持ち、AIに考えさせ、答えを持ってこさせるようにすれば、AIは**「パシリ」**になります。

あなたは、AIをまだ怖がりますか？
それとも、神として崇めますか？
それとも、パシリとして使い倒しますか？

私？
私は、大変仲の良いパシリとして、
とってもいいお付き合いをしています！

~未来へ~

第6章

人生を濃く刻む

10年ぶりの乾杯

　その店は、銀座のメインストリートを外れた路地にあった。

　小さな看板が出ているだけなので、知る人ぞ知るバーだ。

　10年前、四谷に誘われ、会社を辞める決意を聞いたのもこの店だった。

　ギイイと音が鳴る、重厚な木の扉を開けると、細長いカウンター席の一番奥に四谷の姿があった。

「よっ」

　10年ぶりの挨拶は、極端に短いコトバで始まった。

「ヒゲ、剃ったのか？」

「ああ、さすがに役員になるとな」

「飲み物は、俺が指定していいな、マスター、あれを」

　10年前と変わらず蝶ネクタイを付けたマスターが、ボトルを差し出した。グリーンラベルの山崎10年物だ。

「これ、グリーンの10年物って、もう手に入らないだろ？」

「あれから10年、今夜はこれで祝おうぜ。役員おめでとう」

　マスターが削り込んだ氷は限りなく球形だ。

　その氷で心地よく冷やされた琥珀色のウイスキーで10年ぶりに乾杯した。

「あの時のメンバーは元気か？」

　まだ部下が少なかった“あの時”のメンバーとは、矢尾、鈴本、犬井を指す。

「矢尾は起業したよ。終身雇用の時代は遠くなり、若手が数年で辞めていく傾向は強くなる一方だ。矢尾の会社はAIを使った分析で、離職手前の対象者を選別し、引き留める事業を企業向けに提供しているんだ。離職率を大幅に低減させる第一人者となったよ。四谷によるあの時のレクチャーのおかげだよ」

「ああ、我が家で酔い潰れた日のことが懐かしいな。紅一点のあの娘はどうした？」

「鈴本か？　彼女もすごいよ。子供を4人産んで、子育てしながら活躍している。当時、女性の管理職比率が2割だったのを5割に引き上げることを目標にして、10年で実現しちまった」

「おい、すごいな！」

「しかも、育児しながら働けるよう、彼女が会社に掛け合って託児所も作っちまった」

「担当役員のマムシがよく承認したな」

「いや、マムシが退任する直前だったんだけど、“俺の置き土産だ”なんて言って一発承認だよ。今考えると、粋な人だったな」

「あの生意気な新入社員は……」

「犬井か？　奴は、社内ベンチャー制度で真っ先に手を挙げ、フィット

ネス事業を立ち上げ、関連子会社の社長やってるよ。100人は使ってるんじゃないか。口の利き方は相変わらずだ」

「三島の指導が良かったからだな」

「いや、すべては四谷に教えてもらった"ファシリテーション"のおかげだ。あのスキルは、周囲の力を引き出し、プロジェクトを動かすことができる。本当に感謝しているよ」

　三島は、矢尾がAIを駆使した社員分析により、退職者の予測モデルを開発し、それを個別アプローチに生かすことで退職者を従来の半分まで引き下げることに成功した。また会社に貢献する人材をパターン化し、それに近い属性を採用に生かすことで優秀な人材の獲得に成功した。
　社内では"守り"の管理部門ではなく、"攻め"の部門として認められ、出世の実績として、誰もが認める存在になったのだった。

　会話が落ち着くたびに、グラスからカランコロンという響きが聞こえる。

「四谷は何してるんだ？　プロファシリテーターとして起業したとは聞いているが、誰に教えているんだ？」

「俺の客か？　あそこだ」
　そう言って、親指で後ろ側の壁を指した。

「いや壁じゃない。銀座の裏にある霞が関さ」

「霞が関？」

「あんまり言えないが、顧客の1つが外務省だ。今度、我が国で先進国首脳会議が開催されるだろ？」

「ああ、サミットか」

「そう、サミットだ。サミットとは山頂だ。山頂を目指す当事者は、各国のトップ。日本なら総理大臣だ。彼らを山頂まで案内する者をシェルパという」

「シェルパって"山岳案内人"のことか？」

「シェルパには2つの意味がある。今言った"山岳案内人"、そしてもう1つが各国のトップをサミットまで連れていく"政府高官"だ。日本では外務省のエリート中のエリートが務める」

「まさか、お前……」

「そうだ。彼らシェルパのオフィシャル・トレーナーをしている」
　四谷はそう言って、グラスを飲み干した。

「すげぇじゃねえか。それでこそ、四谷だ」

「ただ、なかなか大変だよ。我が国以外も国益のかたいところをぶつけてくる。ベストゴールは、各国首脳が完全合意し、それを書面に残し、1枚の写真に収まることだ。短期間でそれを成し遂げるには、入念な準備が必要なんだ」

「どんな準備が要るんだ？」

「やっぱり議題だよ。各国で取り扱いたい議題が山ほどある。我々も優先したい議題があるが、それを各国と調整しながら、最上位の議題に位置付けなければならない。苦労が絶えんよ」

「四谷でもか……。しかし、教えてもらった9ステップそのものじゃないか」

「その通りだ。10年間の間にファシリテーションの対象は変わったが、9ステップは色あせず、応用が利く。だからこそ、三島の部下たちも活躍、成長し続けているんだろうな」

アインシュタインとファシリテーション

　お互いや知人の近況を話していると、10年の月日が早回しに再生されているようだった。

　山崎10年グリーンラベルは、10年を超える原酒だけを選んでボトリングされている。

　コクのある味わいながら、後味もいい。
　10年を振り返りながら飲む酒の味わいは、格別だった。

「四谷、俺も部下たちもファシリテーションを学んだ。そして、それなりに成功している。じゃ、シンプルに聞くぞ。**ファシリテーションって一体何なんだ?**」

「なんだ、今さら定義の話か。ファシリテーションとは、ゴールを決めて……」

「そんな技術定義じゃない!　その定義なら分かっているつもりだ。俺が聞きたいのは、ファシリテーションを身に付けると、どんないいことがあるか、だ」

　四谷はウイスキーグラスから手を離し、チェイサーのミネラルウオーターを口にした。
「アインシュタインって知ってるよな?」

「相対性理論のか?　知っているが、話を逸らすなよ」

「まあ、聞け。俺は物理学者じゃないから、相対性理論はよく分からな

いが、その理論は**"場合によって時間と空間は歪む"**と俺は解釈している」

「……全く意味が分からないし、ファシリテーションと関係なくないか？」

「まあ、もう少し聞いてくれ。ある本によると**"時間の進み方は人によって変わる"**らしい。つまり**"時間は誰にとっても共通のものなのではなく、立場によって進み方が違う[※7]"**とのことだ」

「おい、俺が聞きたいのは物理学じゃなくて……」

「ここからファシリになるから待ってくれ。60分の会議という絶対時間がある。ある時は、**"ダラダラ長い時間に感じる"**。ある時は、**"あっという間に短く感じる"**。同じ60分にかかわらず、だ。三島はこんな経験ないか？」

　三島はようやくうなずいた。

「アインシュタインの相対性理論って、そういうことらしい。でもそれは、光の速度で移動した場合に適用されるから、我々の現実では体感できない。ところが、60分という会議を**"ダラダラ長い時間"**にするのも**"短く濃い時間"**にするのもファシリテーターの腕次第。つまり時間の長さを変えることができるんだ」

「確かにそれはファシリテーターの腕次第だな」

「とすればだ、ファシリテーションを身に付けるベネフィットは、**時間を自在に変えられる**ということなんだ。今夜、三島と10年ぶりに会っ

※7　出典：三澤信也『【図解】いちばんやさしい相対性理論の本』彩図社

て近況を聞くと、ファシリテーションを身に付けた者は、10年間で皆変わっているじゃないか。成長しているじゃないか。でも10年間という同じ時間で、変わらない、成長してない者もいるんじゃないのか？」

　三島は、先ほどまで焼肉居酒屋に集まっていた同期を思い出した。
　役員になれた自分と彼らの差は何だったのか？
　何が違っていたのか？
　もしかしたら、時間の使い方が、根本的に違っていたのではないだろうか。

「ファシリテーションを身に付けると、人生の時間を濃く使える。こういうことか？」

「その定義は、人それぞれだが、的を射ていると思うよ。さて、難しい話は終わりにしよう。まだ飲むぜ」
　四谷はチェイサーから、ウイスキーグラスに手を伸ばした。

未来へ向けたチャレンジ

「人生の時間を濃く過ごす、か……」
　三島が琥珀色のウイスキーが入ったグラスを淡い照明にかざしている。

「三島の今後を聞いてみたいな。どんな時間を描いているんだ？」

「初めて人に話すが、あるチャレンジをしようと思っている。仕事以外だ。俺たちの母校の野球部だが、最近の成績を知っているか？」

「ああ、リーグ最下位だったな。しかも3年連続だな。リーグ優勝を争っていた俺たちの時代からは考えられないよ」

「……うん。実はな、大学野球部から監督のオファーが来た。練習は夕方からだし、仕事にも支障はない。社長にも相談し、会社からも認められた。あともう1つの条件がかなえられれば、受けようかと思っている」

「そうか！　それはスゴイな。三島のファシリテーション・スキルがあれば、部員やコーチ陣を動かしていけるな。元チームメートとして、こんなにうれしいことはないよ。もう1つの条件って、報酬額かぁ。そこは安くてもいいんじゃないか」

「いや、報酬なんてどうでもいい。もう1つの条件は、四谷、お前だ。ヘッドコーチに就任してもらえないか？」

　三島の意外な誘いに、四谷は目を見開いて黙っている。
「監督として立て直しの任期は1年。この短い時間を濃くできるか。どうだ、四谷、一緒にやらないか？」

四谷は黙っているが、顔は紅潮している。

（よぉし、あとひと押し）
　三島は、四谷に向き直った。
「でも、まさかお前、1年じゃ短いなんて怖気づいているのか？」
　三島は、昔と変わらない四谷の負けず嫌いの性格を知り尽くしていた。

　四谷の見開いた目に、炎が灯った。
「冗談じゃない。やってやろうじゃねえか！」

　三島の予想通りだった。
　四谷は、ペンを取り出し、カウンター・テーブルにあった紙ナプキンに何やら書き込んだ。

　あっという間に「ゴール」を決め、「課題」を見える化し、「戦略」を言語化した。

　琥珀色のグラスを揺らしながら、2人は、その紙ナプキンをいつまでも眺めていた。

　言語化したナプキンの戦略により、1年後、野球部再建を担った2人の指導者は、本当にリーグ優勝を果たすことになる。
　優勝の興奮が一向に覚めない野球部員たちで、この店が溢れ返ることになるとは、自信家の2人でもこの時は想像できなかった。

終

ファシリテーターの**本音**

悲しいタイムマネジメント習慣

ファシリテーターという仕事をするからか、性分なのか分かりませんが、お尻（終了時間）が決まった仕事や行程があると、時間配分がとっても気になります。

皆さんは「時間配分」って、
気になりますか？
気になりませんか？
ま、そんなお話です。

とある組織メンバーと海外研修に出かけた時のことです。
数日に及ぶ研修や企業視察は、企画者や現地ガイドが仕切ってくれていたのですが、1日だけは、行き先候補だけが提案され、自由行動でした。

朝9時に出発し、夜18時に会食会場で集合。
その間は、3カ所を巡る行程です。
3カ所とは
❶博物館
❷風光明媚な場所でのランチ
❸ショッピング
と、まぁありきたりなコースですが、現地ガイドのすすめもあって、3拠点巡りは、皆大賛成してスタートしました。

❷のランチって、大体11時から14時までに済ませるのが、常識ですよね。ディナーは18時から始まりますし。

そうすると、まあ計算するわけですよ、逆から。
・出発地から博物館まで1時間かかる。
・博物館からランチ場所まで1時間かかる。
・であれば、博物館滞在は10時から12時まで**最大2時間**。

さあ、そして博物館に到着です。
「ここで効率よく2時間、閲覧しなきゃな」
という腹積もりで、博物館入り口の地図を見るわけです。

広大な博物館は4階建て。
使える時間は最大2時間、つまり120分。
そうするとですよ、すべて見るなら1フロア当たり最大30分。1フロア
が広大なので、気になった作品をじっくり見ることも想定し、足早に歩
かなければすべて見終わりません。
（後で何度も聞きますが、こういう考え、変ですかね？）

ということで、博物館を回る前に、ファシリテーター癖でみんなに確認
しましたよ。
「ランチ行きたいよね！」
↳「行きたい！」

「13時からの遅ランチのためには、12時に博物館出るよ！」
↳「オッケー！」

「博物館滞在は120分だから、1フロアは30分閲覧かな！」
↳「イエッサー」

「迷子にならないよう1フロア閲覧30分ごとに集合ね！」

↳「アイアイサー」

と別れ、最初の30分後に1階集合場所で待ちます。

誰も来ません……。
1時間半経過して、ようやくゾロゾロ皆が現れました。
皆の歩みが遅いようですが、うーん気のせいでしょう。
ゆっくり歩いているように見えるだけかもしれません。
「あ、時間かかっちゃったー」
そんなセリフが聞こえますが、こちらも大人。

2時間の持ち時間のうち、1時間半使ってしまっているので、残り30分。
眉毛をヒクつかせながら、"残り30分なので、すべてのフロアは回りきれないので、足早に2階を回ってきてください"と丁重に提案します。

さあ、30分後に2階で待ちます。
やって来ません。
1時間後にゾロゾロやって来ました。
気のせいでしょうか、歩みが遅いようです。

「あ、時間かかっちゃったー」
そんなセリフが聞こえますが、こちらも大人。

「じゃ、遅めのランチを取るには、今出ないと間に合いません。3階、4階は諦めましょう」
と丁重にご提案申し上げます。

ゾロゾロ仲間の1人が胸の前で手を合わせ
「15分！　あと15分だけください。2フロア回りますから」

私も鬼ではありません。
「お待ちしましょう」
そう申し上げて、3階で待ちます。

……誰も来ません。

30分後、牛歩の速度は幾分改善し、ゾロゾロが登場します。
「少し遅れちゃいましたね、すみません！　あと1フロアが残っています。5分で回りますから」

そう言って、胸の前で手を合わせています。
私、何と返事したのか覚えてません。
恐らく、鬼の形相をしていたのでしょう。
ランチ前で空腹だったからかもしれません。

ゾロゾロさんたちも申し訳なさそうに、博物館制覇は諦め、ランチ場所へ行く決断をしてくれました。

これ、私の方が変なんでしょうかね？
あのままのペースでいったら、博物館だけで1日が終わっちゃったんですよ！

後日、数年ぶりに胸の前で手を合わせた方と再会し、当時の思い出を語る機会がありました。
その方ですね、笑いながらこう言いました。
「あの時、博物館で相当怒ってましたよね？　ウフフ」

ウフフじゃねえよ……、
と拳を握りしめました。

いや、私の方が変なんでしょうかね。

ファシリテーターたる者、それも報酬を受け取ってのプロフェッショナルたる者、制約を把握し、あらゆるリスクや落とし穴を想定しながらも、メンバーをゴールへ連れていかねばなりません。
海外視察の博物館でも同じことをしたまで、なんですよ。

それでも……。
もう一度聞きます。

私の方が変なのでしょうか……？

さいごに

　最後まで読み進めていただいた読者の方を置き去りにするようで、申し訳ないが、筆者自身が、さいごの最後にスッキリしたい問いがある。
**　自分は、ファシリテーションでどんな恩恵を受けたか?**

　おぼろげとなって見えた答えのヒントは、研修受講者からの声だった。
　筆者自らがファシリテーターとなる「会議ファシリテーション研修」は、なかなかハードだ。
　朝から夜までの1日研修の感想を聞くと、
「ハードでした」
「頭が疲れました」
　との感想が返ってくる。

　どうして?　と聞くと、
「だって、ずっと会議ばかりだったじゃないですか」との答え。
　確かに8時間で4回のグループ会議演習をやってもらった。

　そこで、種明かしをしてみる。
「8時間の研修で会議した時間って、どれくらいだと思う?
　実は、**2時間だけ**※8なんですよ」
　そう明かすと、皆びっくりするが、それはなぜか?
　単純に**「濃かった」**のである。
　8時間ずっと会議をし続けたと思ったのに、実際の会議はたった2時間と短かったのだ。

　感想を述べてくれた受講者が、会場を後にする背中を見送りながら、
「ぜひ、職場に戻っても、濃い時間を過ごしてほしい」と切に願う。

※8　ある会議講座の演習は、20分、30分、30分、40分の計120分

そう思えるのも、筆者がファシリテーションから恩恵を受けたからだ。

短く、濃く、深い会議のスキルを身に付けることによって、人生が色濃くなった。

短時間の打ち合わせで、最短ゴールに辿り着く。

空いた時間で、創造的な仕事にチャレンジする。

思いっきり余暇を楽しむ。

そう、筆者にとっての恩恵は**「時間が増えて、人生が豊か」**になったことだ。

読者の皆さん全てに当てはまるわけではないだろうし、押し付けるつもりも毛頭ないが、そうあってほしいと願っている。

会議を濃くするだけでなく、人生という時間をひときわ濃く過ごしてみてほしいと願っている。

そんな願いを込めた書籍が、本書『特濃会議学』だ。

自身が恩恵を受けたスキルを体系化するため、様々な困難があった。

そんな時、一人で乗り越えられただろうか？

否、様々な助けを借りながら、執筆終了に漕ぎつけた。

全てではないが、一部の方々にはこの場を借りて、感謝申し上げたい。

まず、書籍出版に多大なお力をいただいた方々

・石塚健一朗氏

・村上富美氏

・中澤愛子氏

構想に豊かなお知恵をいただいた方々

・三橋正隆氏

・四ケ所秀暁氏

・矢野宏和氏

・鈴木紗季氏

- 犬飼侑助氏
- 矢田多都彦氏

いつも暖かく見守っていただいている方々
- 澤田隆氏
- 朝比奈ますみ氏

いつも力強く応援いただいている方々
- 田中克成氏
- 壁谷侑希氏
- 勘解由敦子氏
- 渡辺そら氏
- 早坂華乃氏
- 伊勢谷暁氏
- 橋本留美氏

（敬称略）

　様々な講義に参加いただいた受講生、横浜国立大学経営学部の学生、早稲田大学オープンカレッジの学生、日経ビジネス「課長塾」の受講生に感謝。

　そして、何より最後にここまで読み進めていただいた読者諸氏に最大の感謝をお伝えしたい。
　ありがとうございました。

初冬の東京にて
横田伊佐男

横田 伊佐男　Isao Yokota

プロフェッショナル・マーケティングコーチ
横浜国立大学客員講師、早稲田大学オープンカレッジ講師、
日経ビジネス「課長塾」講師

横浜国立大学大学院博士課程前期経営学（MBA）修了及び同大学院統合的海洋
管理学修了。専門はマーケティング。外資系金融機関を経て、2008年に独立。
人が動く戦略は「紙1枚」にまとまっているという法則を発見し、オリジナル教育メ
ソッドを体系化。複雑な理論を誰にでも分かりやすく短時間で教え込む、日本
唯一のプロフェッショナル・マーケティングコーチ。短時間で成果へと引き上げる
「特濃講座」は、上場企業ホールディングス、政府系金融機関、意欲ある中小企
業経営者、大学生からの依頼が絶えず、これまでの受講者はのべ6万人を超える。
著書として、『一流の人はなぜ、A3ノートを使うのか?』（学研パブリッシング）、『ケ
ースブック 価値共創とマーケティング論』（分担執筆・同文舘出版）、『最強のコ
ピーライティングバイブル』（ダイヤモンド社）、『ムダゼロ会議術』『迷えるリー
ダーがいますぐ持つべき1枚の未来地図』『長いコトバは嫌われる』（いずれも日
経BP）。

【HP】crm-direct.com
【コンタクト】info@crm-direct.com

マーケティングコーチ横田伊佐男の
特濃会議学

2023年12月11日 第1版第1刷発行

著　者	横田 伊佐男
発行者	北方 雅人
発　行	株式会社日経BP
発　売	株式会社日経BPマーケティング
	〒105-8308　東京都港区虎ノ門4-3-12
カバー写真	早坂 華乃
装幀・本文デザイン	中澤 愛子
印刷・製本	図書印刷株式会社

ISBN 978-4-296-20334-5　Printed in Japan
©Isao Yokota 2023